하루 10분,
수학이
좋아진다

1 NICHI 10 PUN SANSU GA TOKUI NI NARU HON

© HIROSHI KISHIMOTO 2005

Originally published in Japan in 2005 by FUTAMI SHOBO PUBLISHING CO., LTD.

Korean translation rights arranged through TOHAN CORPORATION, TOKYO

and IMPRIMA KOREA AGENCY, Seoul.

수학에 흥미를 잃어가는 자녀를 위한 가장 확실한 방법!

하루 10분, 수학이 좋아진다

기시모토 히로시 지음 | 이수경 옮김
박경미 교수 추천
(『수학 비타민』, 『수학 콘서트』 저자)

『매일 10분, 수학 천재가 되는 법』 개정판

BM 황금부엉이

요즘 '창의력'이 교육의 화두로 등장하다 보니 수학의 기초 계산 기능은 다소 경시되고 있는 듯합니다. 그러나 창의력이라는 것은 내용과 근거가 빈약하면서 그저 기발하기만 한 돈키호테식 발상이 아니기 때문에, 창의력을 신장시키기 위해서는 사고의 기본 재료가 되는 수학 개념에 대한 이해뿐 아니라 정확하고 신속한 계산 능력이 전제되어야 합니다.

학생이 고등사고능력을 발휘해서 문제를 풀 수 있는 수학적 능력을 갖추고 있더라도, 계산이 뒷받침되지 않으면 빨리 풀어야 하는 시험에서는 능력을 발휘하기 어렵습니다. 또한 복합적인 사고를 요하는 수준 높은 문제를 풀 때 중간 중간에 필요로 하는 사소한 계산은 거의 자동화되어 즉각적으로 나와야지 수학 문제의 해결 계획을 세우고 이를 수행하는 메타적인 사고를 순조롭게 진행할 수 있습니다.

학부모님 중에는 학년이 올라가면 계산 속도가 붙고 정확도도 높아질 것이라고 생각하는 분이 계실지 모르겠지만, 제 경험에 비춰보면 집중적으로 연습하지 않고는 계산의 정확도와 속도가 저절로 높아지지 않습니다. 특히 우리나라에서는 주어진 시간에 비교적 많은 수학 문제를 풀어야 하는 속도검사(speed test)가 주이기 때문에 계산이 느리면 치명적입니다.

수학 학습 지도에서 중요한 것은 유아나 초등학교 저학년에서 시작되는 기본 계산 기능을 숙달시켜 학년이 높아지면서 나타나게 되는 다양한 수학 개념과 원리들을 익힐 수 있도록 기본기를 갖추어주는 것입니다. 다시 말해 수학의 기본 개념을 이해하고 정확하고 신속하게 계산을 수행하는 능력은 수학이라는 집을 짓기 위한 기초 공사에 해당됩니다. 이런 수학의 펀더멘탈을 기르는 데 『하루 10분, 수학이 좋아진다』은 많은 도움이 될 것입니다. 이 책은 어렵고 멀게만 느껴지던 수학에 흥미를 붙여주고 자연스럽게 즐기면서 공부할 수 있도록 여러분을 수학의 세계로 안내해 줄 것입니다.

홍익대학교 수학교육학과 교수 박경미(『수학 비타민』, 『수학 콘서트』 저자)

추천사

　세상은 수로 이루어져 있다. 온 세상에 수가 가득하다. 나는 수가 있기에 세상이 아름답다고 믿는다.

　내가 지금 사용하는 컴퓨터도 '0'과 '1'로 이루어진 이진법의 세계다. 교실 안팎을 오가는 학생들이 입은 교복도 '황금비율'을 고려해 가장 아름답게 만들어진 옷이다. 오늘 아침 일기예보를 보고 우산을 들고 나온 사람들도 '확률'이라는 수의 덕을 본 사람들이다. 세상 곳곳에 우리가 미처 깨닫지 못하는 수가 숨어 있다.

　고등학교에서 학생들에게 수학을 가르치다 보면 이 아름다움을 깨닫지 못하는 학생들이 의외로 많다. "난 수학을 포기 했어"라고 자랑스럽게 말하고 다니는 친구들……. 이 학생들을 보면 안타까운 마음이 든다. "어디서부터 다시 시작해야 하나? 어떻게 해야 이 학생들에게 수학을 가르칠 수 있을까?"

　초등학교 때부터 확실하게 수학에 재미를 붙였다면 이 학생들도 분명히 달라졌을 것이다.

이 책『하루 10분, 수학이 좋아진다』는 앞으로 내 제자가 될 학생들에게 권하고 싶은 책이다. 어릴 때부터 꾸준히 기초를 쌓고 흥미를 붙여 간다면 수학은 너무나 유익하고 재미있는 과목으로 학생들에게 다가갈 것이다. 이 수학의 숨겨진 재미를 어린 학생들이 노력도 해 보지 않고 포기한다는 건 너무 가슴 아픈 일이다. 왜냐하면 그 학생에게 남은 학창시절의 수학시간이 엄청난 스트레스를 주는 시간이 되기 때문이다.

수학을 좋아하는 아이로 키우려면 부모의 역할도 중요하다. 수학의 기초는 계산력이다. 계산력이 부족하면 어떤 문제라도 어렵게 느껴질 것이다. 아무리 계산기를 쓴다고 해도 결국 기초를 알아야 수학을 좋아하게 된다. 초등학교 때 키우는 계산력은 매일 10분이면 충분하다. 그 이상을 기대한다면 아이가 몸을 꽈배기처럼 배배 꼬아댈 것이다. 하루 10분 아이와 함께 수학공부를 해 보자. 욕심 부리지 말고 아이가 흥미를 느낄 수 있을 적당한 시간을 아이에게 투자해 보자. 분명히 그 아이는 수학에 흥미를 느끼면서 학습 태도가 변화될 것이라고 확신한다.

학교에서 가르치는 수학은 점점 쉬워지고 있다. 또한 수학을 등한시하는 학생들도 점점 늘어나고 있다. 수학을 그저 대학에 들어가기 위한 하나의 방편으로 생각하는 사람들도 많다. 그러나 분명하게 말할 수 있는 것은 "수학은 우리 삶과 떼어 생각할 수 없을 만큼 가까이 있다"라는 사실이다.

사랑하는 우리 아이들에게 수학과 친해지도록 기회를 만들어 주자. 그리고 그 아이들에게 물어 보자.
"수학을 좋아하니? 음, 그래 수학은 너무 흥미로운 과목이지. 그렇지 않니?"

동작고등학교 교정에서 교사 유진호(수학교육 박사)

우선 수학은 쉽다는 생각부터 하기로 해요!

세상에 모래알만큼이나 수와 관련된 것들도 많고 수학책도 많습니다. 이 책도 어쩌면 많은 수학책 중에 한 권이 될 수 있을지 모르나 처음부터 열린 마음으로 이 책을 접하면 자녀들을 한결 수학과 친해지게 할 수 있는 지름길을 안내해 줄 것입니다.

이 책에서는 무조건 수학 공식을 외우라고 하는 게 아니라, 부모님이나 선생님이 원리를 설명해 주면 이해하고, 바로 풀어 볼 수 있게 하고 있습니다. 다시 말해 수학의 기본인 원리부터 차근차근 설명해 주어, 기본 개념을 제대로 이해한 후에 재미있는 예제를 풀어 볼 수 있도록 했습니다. 또한 원리와 함께 수학이 우리의 생활과 직접 연관되는 부분들을 짚어 주어 실생활 속에서 수학을 발견할 수 있도록 친근한 삽화가 길잡이 역할도 해 주고 있습니다.

처음부터 단계별로, 내용별로 골라 읽는 재미도 있습니다!

수학 교과서만으로는 부족한 수학 지식, 좀 더 다양한 정보를 알려주면서 본문 내용과 관련한 아주 조금 깊은 지식을 별도 예제로 설명한 게 특징이기도 합니다.

듣자하니 요즘, 수학을 싫어하고, 잘 하지 못하는 친구들이 점점 늘어나고 있다고 합니다. 이 책은 이러한 친구들은 물론, 계산은 제법 하지만 응용문제를 형편없이 못 푸는 친구들에게도 아주 유용하게 다가가기 쉽게 설명되어 있습니다.

이 책을 우리말로 옮기면서 가장 절실하게 느꼈던 부분은 대부분의 부모님이나 우리 친구들이 수학을 무조건 어렵다고 생각한다는 것이었습니다. 이 책의 저자는 말합니다. "수학이야말로 가장 간단한 과목이다."

다시 말하지만 이 책은 수학을 싫어하는 친구들을 위해 즐기면서 좋아하게 만드는 다양한 방법을 알려 주고 있습니다. 특히 수학의 요점인 계산 능력을 우리 친구들이 싫어하지 않고 적극적으로 하고 싶어지게 되는 여러 가지 방법을 쉽게 소개하고 있습니다.

우선은 덧셈, 뺄셈, 곱셈, 나눗셈의 기본을 부모님이나 선생님이 우리 친구들에게 어떻게 가르칠 것인가를 설명하고 있습니다. 그런 다음에 넓이, 부피 구하는 방법과 비율 계산 방법 등에 대해서도 쉽게 설명하고 있습니다.

원컨대 이 책을 읽고, 수학이 멀게만 느껴던 친구들은 더 가까워지는 것이고, 수학과 친했다면 부모와 함께 수학의 바다에 푹 빠져 보는 것도 좋을 것입니다.

옮긴이 이수경

옮긴이의 글

이 책을 읽는 부모님께

  요즘 수학을 못하는 아이, 수학을 싫어하는 아이가 늘고 있다. 30년 전과 비교해 보면 요즘 초등학교 교과서는 상당히 쉽다. 특히 계산문제는 너무 단순해서 지금 어른들이 초등학교 4학년 때 배웠던 내용을 고학년에서 배운다. 대분수나 소수끼리의 곱셈과 나눗셈 등은 아예 제외되었다. 때문에 중학생인데도 방정식을 풀지 못하는 학생이 상당히 많아졌고, 그 결과 저학력(低學力)이라기보다는 무학력(無學力)에 가까운 중학생이 늘고 있다.

  계산력은 수학을 공부하는 데 가장 중요한 핵심이다. 계산을 정확하고 신속하게 하면 확실히 수감각(數感覺)도 길러지고 나아가 집중력과 끈기도 생긴다. 또 초등학교에서 배우는 단순한 계산은 어려운 논리나 복잡한 계산보다 대뇌기능을 훨씬 더 활성화시키기 때문에 머리가 좋아진다는 뇌과학자의 연구 발표도 있다.

  그런데 지금은 수학 시간이 과거보다 20% 가까이 줄었다. 예전처럼 반복해서 계산을 연습하는 시간도 적어졌다. 따라서 아이들의 계산 실력이 떨어졌고, 그 결과 수학 공부를 점점 싫어하게 되었다.

수학을 좋아하는 아이로 만드는 지름길은 수학의 핵심인 계산력을 길러 주는 것이다. 방법은 간단하다. 저녁식사 전후로, 딱 10분만 시간을 내서 부모와 아이가 함께 쉬운 계산 문제를 풀어 보는 것이다. 이렇게 100일만 계속하면 계산력은 반드시 좋아진다. 실력이 느는 만큼 다른 공부를 하려는 의욕과 끈기 그리고 집중력이 눈에 띄게 좋아진다. 그리고 마침내 혼자서 공부하게 된다. 여유가 있다면 아이와 이 책을 함께 읽어도 좋다.

"계산은 할 줄 알지만 문장으로 된 문제를 풀라고 하면 어려워한다"라는 상담을 많이 받는데, 그럴 때마다 나는 이렇게 대답한다. "틀림없이 아이가 독서를 싫어할 거예요. 그럴 때는 문장의 내용을 머릿속으로 그리게 하세요. 아이 스스로 다섯 번, 열 번 큰 소리로 읽게 하면 글 전체를 이미지화할 수 있을 겁니다. 그렇지 못하면 문장으로 된 문제는 풀지 못합니다."

수학을 좋아하게 되면 텔레비전이나 컴퓨터게임에서 점점 멀어진다. 반면 독서는 좋아하게 된다. 그런 기대와 인내를 갖고, 초조해하지 말고 즐거운 마음으로 아이를 대하자. 틀림없이 100일 안에 수학을 좋아하는 아이가 될 것이다.

CONTENTS

더하기로
기초체력
키우기

100일만 꾸준히 하면
공부를 좋아하게 된다

100일 만에 공부를 좋아하게 된다. 누구나 눈이 번쩍 뜨일 만한 소리다. "오늘 숙제는 없어. 공부 안 해도 돼"라고 말하면, 공부를 취미처럼 하는 아이라면 몰라도 대부분의 보통 아이는 환호성을 지른다. 확실히 아이들은 공부보다 노는 것을 훨씬 더 좋아한다.

공부를 잘하는 아이는 부모가 재촉하지 않아도 날마다 책상 앞에 앉아서 공부를 한다. 그런 아이들은 공부를 조금도 힘들어하지 않는다. 공부가 생활습관으로 자리 잡았기 때문이다. 오히려 공부를 재미있어서 한다고 말해도 좋을 것이다. 이런 아이들에게 부모가 하는 말은 정해져 있다.

"이제 어지간히 하고 내일 해라."

다시 말해 이런 아이들은 '날마다 공부형'에 속한다.

일반적인 아이들은 '마지못해 공부형'이다. 숙제를 안 하면 선생님에게 야단맞기 때문에 마지못해 한다. 이런 아이들은 항상 엄마의 화난 목소리를 듣고 산다.

집 근처에서 친구와 놀고 있으면 "공부 다 했니? 안 했으면 다 하고 나서 놀아라"라거나, 저녁 먹은 뒤 텔레비전의 재미있는 프로그램에 빠져 있으면 "숙제는 다 한 거야? 아직도 안 하고 텔레비전만 보고 있지? 웬만큼 봤으면 숙제해라"라는 식이다. 아이는 이런 소리를 듣고 나서야 마지못해 잊고 있던 숙제를 시작하거나, "이것만 보고 할게요. 네? 네? 괜찮죠?" 하며 조른다.

이런 아이들도 어쨌든 숙제만은 확실히 한다. 하지만 숙제가 없는 날에는 밖에서 놀고, 집에 오면 옷도 갈아입지 않은 채 쓰러져 자든지 만화를 보든지 텔레비전이나 컴퓨터게임에 몰두한다.

이런 아이들은 어쩌다 가끔 공부하기 때문에 '가끔 공부형', '때때로 공부형', 아니면 '마지못해 공부형'이라고 부른다. 그럭저럭 학교 공부는 따라가지만 성적은 부모의 기대치에 못 미친다. 과거의 5단계 평가

1장 · 더하기로 기초 체력 키우기

제라면 '미'나 '양' 정도 될 것이다.

공부를 싫어하는 아이는 좀처럼 책상 앞에 앉지 않는다. 숙제도 늘 잊어버린다. 하지만 그다지 부끄럽게 생각하지 않는다. 잊어버렸을 뿐이다.

반세기 전만해도 이런 아이는 선생님께 매를 맞거나 "잊어버린 녀석은 지금 당장 집에 갔다 와"라는 호통을 듣고 풀이 죽어서 집에 갔다 와야 했다. 따라서 이틀 연속 숙제를 잊어버렸다고 말하는 아이는 거의 없었다.

하지만 요즘은 체벌이나 수업을 받을 권리를 박탈하는 일이 금지되어 있다. 벌이라고 해야 10분 정도 교실 뒤에 서 있는 정도다. 게다가 요즘 선생님은 옛날 선생님처럼 수업이 끝난 뒤에 아이를 따로 가르칠 여유가 없다. 회의, 사무, 출장, 행사 준비, 특별활동 등 업무가 많다 보니 방과 후에 아이들을 남게 해서 꼼꼼히 돌볼 시간이 거의 없다. 또 자칫하다가는 곤란한 사건에 휘말릴 수도 있으므로 시간이 되면 아이들을 일제히 하교시키는 학교가 늘고 있다.

게다가 숙제를 잊고 온 아이는 개성을 존중한다는 미명하에 사실상 방치되어, 하루하루 학습능력이 눈에 띄게 떨어진다.

이런 아이들은 공부를 너무 싫어한다. 글쓰기나 계산은 너무 귀찮고 지겹다고 생각한다. 이따금 공부하기 때문에 학년 평균을 따라가지 못한다. 하지만 공부를 잘하는 아이는 그다지 힘들어하지 않고 날마다 공부한다. 더구나 공부를 좋아한다.

이 점이 '날마다 공부형'과 '가끔 공부형'의 차이다.

공부를 아주 싫어하는 '가끔 공부형'이나 울며 겨자 먹기로 하는 '마지못해 공부형'인 아이를 100일 만에 '날마다 공부형'으로 바꾸려면 어떻게 해야 할까?

머리가 좋다고
공부를 잘하는 것은 아니다

어른들은 종종 이런 말을 한다.

"저 아이는 머리가 좋군요. 일류 대학에 합격했으니."

"우리 애는 부모를 닮아서 머리가 나쁜가 봐요. 공부를 못하거든요."

이렇게 사람들은 대부분 좋은 대학에 들어간 아이는 똑똑하다고 믿는다. 반대로 시험 성적이 나쁜 아이는 머리가 나쁘다고 생각한다.

나는 40년 가까이 교사 생활을 하면서 2천 명이 넘는 아이들을 가르쳤다. 그 중에서 일류 대학에 들어간 아이는 40명뿐이다. 지방의 이름 있는 대학에는 그보다 두 배 정도 많이 진학했다. 하지만 일류 대학에 들어간 아이들 중에 머리가 좋다고 생각한 아이는 2명밖에 없다. 오히려 머리는 그다지 좋지 않지만 꾸준히, 착실하게, 날마다 공부한 아이가 좋은 대학에 들어갔다.

머리가 좋은 아이는 공부보다 세속적인 것에 민감하게 반응하고, 흥미나 관심도 그쪽으로 쏠려 있다. 그 때문일까? 공부에는 그다지 집중하지 못하면서 자라는 것 같다. 개중에는 형사도 혀를 내두를 만큼 교묘하게 소년 절도단을 조직해서 거액의 돈을 강탈한 아이도 있었다. 그 아이는 괴도 뤼팽 같은 일을 해낼 만큼 머리가 좋았다. 하지만 학업성적은 6년 동안 체육을 뺀 모든 과목에서 늘 바닥이었다.

물론 머리가 좋은 사람이 공부를 잘하는 것은 맞다. 하지만 그것이 절대적이지는 않다. 초등학생이나 중학생 때는 그다지 공부를 잘하지 못했지만, 나중에 뛰어난 지적 업적을 올리는 대기만성형 사람도 있다. 반대로 어렸을 때는 주위 어른들에게 '무슨 일이든 잘하는, 똑똑한 아이' 라는 칭찬을 듣고 자랐지만 어른이 된 뒤에는 특별히 이렇다 할 것 없이 평범해지는 사람도 적지 않다.

그렇다면 머리가 좋은 아이는 좋은 학교에 가고, 머리가 나쁜 아이는 공부를 못한다는 생각은 일종의 미신이나 편견은 아닐까?

체육 관련 전문가에게 들은 이야기인데, 달리기가 늘 꼴찌인 초등학교 4학년생이 날마다 30분씩, 과학적인 훈련을 꾸준히 받으면 고등학생이 되었을 때 100미터를 11초대에 달릴 수 있게 된다고 한다. 하지만 10초대로 달리려면 달리기에 소질이 있어야 하고, 소질이 없는 아이들은 아무리 연습을 해도 어렵다고 한다.

즉, 어떤 아이든 6년 동안 꾸준히 달리기 연습을 하면 고등학생이 되었을 때 도(道) 대표로 나갈 수 있을 정도로 달리기 실력이 는다. 다만 올림픽에 출전하기 위해서는 타고난 소질이 중요한 의미를 갖는다.

피아노도 마찬가지다. 어렸을 때부터 날마다 30분씩, 10대에는 1시간에서 2시간 정도 꾸준히 연습하면 20세 전에 쇼팽이나 리스트의 곡을 칠 수 있다. 모든 청중을 매료시키는 일류 연주가가 될지는 알 수 없어도 음악 교사나 피아노 학원 선생님이 될 정도의 기량은 분명히 몸에 익힐 수 있다. 다만 일류 연주가가 되려면 소질과 운이 있어야 한다.

자기 아이에게 타고난 소질이 있는지 부모는 알 수 없다. 지도자나 선생님이라도 좀처럼 파악하기 어렵다. 물론 당사자인 아이도 깨닫지 못한다. 꾸준히 노력해야만 뛰어난 소질이 싹을 틔우고 꽃을 피운다. 아무리 훌륭한 소질이 있어도 노력하지 않고 기다리기만 하거나 엉터리로 연습해서는 타고난 소질을 꽃피울 수 없다. 학습능력도 마찬가지다.

"이 아이는 머리가 좋아서인지 기억력도 좋군요."

"아는 것도 많고 머리 회전도 빠른 똑똑한 아이군요."

"재치가 넘쳐서 어려운 문제도 쉽게 푸는 아이예요."

이런 칭찬을 받는 아이라도 학교에서 배운 내용을 전혀 복습하지 않으면 공부를 잘할 수 없다. 우수하기는커녕 보통 수준의 학습능력도 기를 수 없는 것이다.

유명한 대학에 진학한 아이는 대개 초등학생 때부터 숙제를 꼬박꼬박 해온 아이다. 본격적인 수험공부에 들어가는 시기는 고등학교 후반부터라고 해도, 늘 평균보다 높은 학습능력을 유지한다.

어떤 아이든 초등학생 때부터 착실히 숙제나 과제를 하면 그 학년의 평균 학습능력은 확실히 몸에 익힐 수 있다. 이 정도만 돼도 중학교, 고등학교를 졸업한 뒤 곧바로 사회에 나가 자신의 인생을 개척할 수 있다. 대학교에 진학하고 싶다면 즉시 목표를 향해 공부를 시작할 수도 있다. 그러나 학습능력이 제대로 갖춰져 있지 않은 아이는 취직을 해도 좀처럼 일을 배우지 못한다든지, 수험공부를 해도 곧바로 포기하게 된다. 일정 수준의 학습능력이 안 되는 아이는 청년기부터 좌절의 길을

걷기 쉬운 것이다.

군이 이야기하자면 학습능력은 머리와 관계없다. 특별한 장애가 없는 한 어떤 아이든 초등학교와 중학교를 다니면서 과학 시험에서 90점 정도를 받는 것은 충분히 가능한 일이다.

이렇게 되려면 날마다 공부하는 습관을 빼놓을 수 없다. 이른바 학습 능력이 뒤처져서 학교 수업을 못 따라가는 아이는 초등학생이 된 후에도 기본적인 학습이 이루어지지 않고 느긋하게 놀기만 한 아이다. 그 때문에 4학년 무렵부터는 이미 평균을 밑도는 아이가 된다. 하지만 이런 아이들이 공부에 흥미를 갖게 되면 단번에 학습능력이 쑥쑥 자란다.

계산력만 붙으면
수학은 가장 쉬운 과목

공부를 싫어하는 아이는 거의 대부분 저학년 과정을 충분히 이해하지 못하고 있다. 이런 상황에서 무엇을 모르는지 알아보지도 않은 채 무작정 공부하라고 다그치면 아이는 오히려 더 움츠러든다.

흔히 아이가 5학년쯤 되어서 공부를 못하면 부모는 4학년부터 다시 공부하자며 4학년 참고서나 문제집을 풀게 하는데, 아이는 이것조차

1장 · 더하기로 기초 체력 키우기

어려워한다. 빨리 풀지도 못하지만 풀었다고 해도 모두 틀린다. 그리고 아이는 지쳐버린다. 그러면 부모는 '아이의 머리가 나빠서 그러는 걸까?' 하고 불안해한다.

하지만 침착하게 차근차근 생각하면서 문제를 풀게 하면 아이는 뜻밖에도 제대로 문제를 푼다. 결코 둔한 아이가 아닌 것이다. 오히려 부모에게 제법 이치에 맞는 소리도 하고, 텔레비전을 본 뒤 제대로 된 평론(?)도 해서 '보는 눈이 날카롭다'는 칭찬도 듣는다.

이 아이는 틀림없이 머리는 나쁘지 않다. 어쩌면 지각 능력과 사고력은 남보다 더 뛰어날지 모른다. 그렇기 때문에 1년 전에 가르친 문제를 이해하는 것이다. 그러나 수학에서는 사소한 계산 실수를 하고, 국어에서는 자기 마음대로 글을 읽거나 틀리게 읽고, 또 빼먹고 읽기 때문에 늘 초라한 점수를 받는다.

이런 아이의 문제가 무엇인지 알아 보는 아주 간단히 방법이 있다.

초등학교 수학에서는 특별한 수학적 사고력을 요하는 문제가 거의 없다. 글자를 읽을 수 있고 수직, 수평, 이등변, 평균 같은 수학 용어를 올바르게 이해하고 문장으로 된 문제(문장제)의 뜻만 정확히 파악할 수 있다면 결코 어려운 과목이 아니다. 오히려 답은 늘 하나밖에 없는 단순한 문제뿐이다. 다른 과목에 비해 가장 쉬운 과목인 것이다.

단, 계산할 때 거의 자동적으로 답이 나오지 않는 수준이라면 수학은 너무나 귀찮은 과목으로 전락한다.

계산력은 수학의 핵심이다. 수학을 잘하는 아이는 예외 없이 계산이 정확하다. 수학을 못하는 아이는 계산이 느린 데다 정확하지도 않다. 계산력이 떨어지는 것이다.

계산은 특별히 어려운 사고를 필요로 하지 않는다. 계산의 원리는 누구나 쉽게 이해할 수 있다. 부모에게 말대답을 하거나 나쁜 짓을 하다 들켰을 때 다른 사람 탓으로 돌릴 정도로 재치 있는(?) 아이라면 계산의 원리 정도는 금방 이해한다. 그런데도 실제로 계산을 시켜 보면 자꾸 틀린다. 숫자가 커지면 커질수록 우물쭈물 대고 반 넘게 틀린다.

수학을 못하는 것은 머리가 나쁘기 때문이 아니다. 수학의 핵심인 계산력이 많이 떨어지는 탓이다. 계산의 원리를 충분히 이해하지 못하고 있고, 게다가 연습이 많이 부족하기 때문이다. 이전에는 초등학교 6년 동안 수학을 비롯해 국어, 과학, 사회를 합쳐 수업시간이 약 4천 시간

1장 · 더하기로 기초 체력 키우기

이었다. 그런데 지금은 휴일이 많아져서 1천 시간가량 줄었다. 그리고 네 자리 수 이상의 덧셈이나 뺄셈, 세 자리 수×두 자리 수 계산은 계산기를 사용하는 아이들이 많다. 덕분에 아이들의 숫자 감각은 빈약하기 그지없다.

기본 덧셈을
완전히 이해시킨다

아이가 수학 점수가 나쁘거나 수학을 못해서 힘들어할 때는 우선 1학년 때 배운 기본 계산을 자동적으로 할 수 있는지부터 알아본다. 다음의 기본 덧셈을 각각 15초 이내에 정확히 풀 수 있는지 알아보자.

"이 덧셈을 해 보렴. 답은 가능한 빨리 써라"라고 말하고 얼마나 걸리는지 시간을 재 보자.

1장 · 더하기로 기초 체력 키우기

:: 기본 덧셈 ::

| 6+8= | 5+7= | 2+9= | 4+8= | 8+7= |
| 9+9= | 6+7= | 8+5= | 4+7= | 9+6= |

　이 기본 덧셈을 10초 안에 푼 아이는 입학 때부터 제대로 공부한 아이다. 늦어도 15초 이내에 풀지 못하면 안 된다. 만일 2학년 이상인데 15초 넘게 걸렸다면 좀 더 기초부터 공부해야 한다.

　기본 덧셈을 재빨리 풀기 위해서는 10이라는 숫자를 순식간에 분해하는 연습을 해야 한다.

　10이라는 숫자는 1과 9, 2와 8, 3과 7, 4와 6, 5와 5, 6과 4, 7과 2, 8과 2, 9와 1의 합이라는 사실을 깨달아야 한다. 1의 보수(補數)는 9, 2의 보수는 8……을 머릿속에 확실히 새겨 두어야 한다.

　아이가 기본 덧셈을 순간적으로 풀지 못한다면 지금부터 다시 출발해야 한다. 보통 아이라면 3일만 연습하면 보수에 관해 완전히 이해한다. "4는?" "6", "그러면 7은?" "3"이라는 식으로 가르치면 금방 말할 수 있게 된다.

　10을 재빨리 분해하는 연습과 병행해서 계산의 가장 기본이 되는 덧셈부터 착실히 공부한다. 먼저 합이 5를 넘지 않는 계산부터 시작한다. 손가락을 써도 좋고 수모형이나 바둑돌을 써도 좋다. 모든 아이가 금방

:: 덧셈 첫걸음 ::

1+1= | 1+2= | 1+3= | 1+4= | 2+1= |

2+2= | 2+3= | 3+1= | 3+2= | 4+1= |

할 수 있다.

이 10문제를 10초 안에 풀 수 있을 때까지 연습시킨다. 순서도 바꾼다. 물론, 10초 안에 풀지 못하는 아이도 있는데, 그 이유는 세 가지다.

첫째는 일정한 발달 장애를 가지고 있기 때문이다. 2나 3이라고 말해도 아이가 수 자체를 인지하지 못한다. 눈앞에 귤이 다섯 개 있어도 그 수를 올바르게 세지 못하는 것이다. 이런 아이들은 연필로 책상을 규칙적으로 톡톡톡 연속해서 두드려도 몇 번 두드렸는지 알지 못한다. 만일 아이가 이런 증상을 보인다면 전문가의 진단을 받아 보자. 보통, 초등학교 2학년 이상이라면 특별한 발달장애가 없는 한 연필로 책상 위를 연속해서 두드렸을 때 그 수를 정확히 말할 수 있다.

0 1 2 3 4 5 6 7 8 9

0 1 2 3 4 5 6 7 8 9

0 1 2 3 4 5 6 7 8 9

0 1 2 3 4 5 6 7 8 9

1장 · 더하기로 기초 체력 키우기

0 1 2 3 4 5 6 7 8 9

0 1 2 3 4 5 6 7 8 9

0 1 2 3 4 5 6 7 8 9

0 1 2 3 4 5 6 7 8 9

0 1 2 3 4 5 6 7 8 9

0 1 2 3 4 5 6 7 8 9

지각장애나 기능장애가 없는데도 답을 쓰지 못하는 아이는 글을 쓰는 속도가 눈에 띄게 늦기 때문에 당황한 것이다. **얼마나 빨리 숫자를 쓸 수 있는지 시험해 보자.** 위와 같이 0에서 9까지의 수를 각각 10번 연속해서 쓰게 한다. 딱 100글자다. 빠른 아이라면 50초, 보통 아이는 60초, 늦어도 1분 10초 만에 다 쓴다. 만일 100초나 걸린다면 숫자를 쓰는 속도가 너무 늦는 아이다. 하지만 이런 아이도 날마다 3번씩 며칠만 연습하면 1분 안에 쓸 수 있게 된다. 글씨가 조금 지저분해도 괜찮다. 단, 틀린 숫자를 쓰거나 쓰는 순서가 틀리면 고쳐 준다.

합이 5를 넘지 않는 가장 간단한 덧셈을 척척 풀지 못하는 세 번째 이유는 의욕 부진에서 오는 연습 부족이다. 2학년 이상 되면 지각능력도 상당히 발달하므로 가장 간단한 덧셈문제는 힘들지 않게 푼다. 재빨리 답을 쓰는 모습이 1년 전과는 완전히 다르다.

일정한 발달장애에 기인하는 경우를 제외하고, 다른 두 가지 이유로 계산이 느리다면 3일만 꾸준히 연습하면 문제를 쉽게 극복할 수 있다.

이어서 합이 6에서 10까지의 덧셈을 연습한다. 모두 35문제다.

이 35문제의 답을 30초 이내에 쓸 수 있으면 나무랄 데 없이 좋은 속

1+5=	3+5=	5+5=	1+6=	3+6=
6+1=	1+7=	3+7=	6+2=	1+8=
4+2=	6+3=	1+9=	4+3=	6+4=
2+4=	4+4=	7+1=	2+5=	4+9=
7+2=	2+6=	4+6=	7+3=	2+7=
5+1=	8+1=	2+8=	5+2=	8+2=
3+3=	5+3=	9+1=	3+4=	5+4=

도다. 물론 다음에는 이 순서대로 문제를 내지 않는다. 순서를 바꿔서 문제를 내도록 한다. 늦어도 50초 내에 풀 수 있게 연습시킨다. 보통 스무 번 가량 연습하면 40초 정도에 풀 수 있게 된다. 아이가 조금 어려워한다면 숫자끼리의 덧셈이 아니라 숫자를 머릿속으로 그려서 더하게 한다. 가령 4+3을 계산할 때는 다음 쪽의 그림과 같이 된다.

4에 1을 더해 주면 4는 5가 된다. 3은 4에게 1을 주었으니까 2가 된다. 다시 말해 4+3은 5+2가 되는 것이다. 아이는 손을 펴서 손가락을 세는 것은 금방 할 수 있다. 4와 3을 합해서 얼마라고 답하기는 약간 어

1장 · 더하기로 기초 체력 키우기

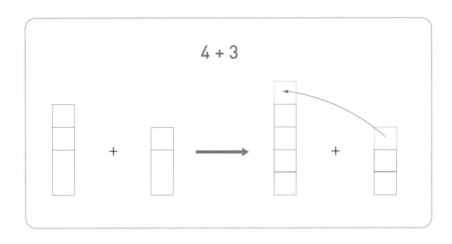

4 + 3

렵지만 5와 2를 합하면 얼마가 되느냐고 하면 금방 7이라고 대답한다. 위의 그림은 손가락 대신 정육면체의 수모형으로 나타낸 이미지 그림이다.

이렇게 하면 아이는 2+4나 3+3, 3+4도 금방 이해한다. 그리고 머릿속으로 재빨리 수모형을 옮기면서 답을 말할 수 있게 된다. 3+3이라면 한쪽의 수모형 3개 중에서 두 개를 다른 쪽으로 주면 수모형이 다섯 개가 된다. 그 5와 다른 쪽에 남아 있는 1을 더하면 금방 6이라는 것을 알 수 있다.

이번에는 6+3이나 2+7 같은 문제다. 하는 방법은 똑같다. 다음 그림을 보자.

6+3은 5+4로 바꿀 수 있다. 3+6이나 6+3을 계산하라고 하면 어려워하는 아이라도 5와 4를 더하라고 하면 금방 9라고 대답한다. 이렇

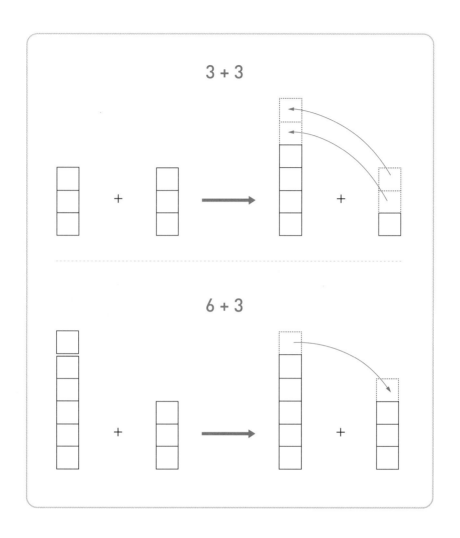

게 그 자리에서 대답할 수 있을 때까지 시간을 들여서 연습시킨다. 1주일만 꾸준히 연습하면 자동적으로 대답할 수 있게 된다.

지금까지의 덧셈은 모두 답이 10 이하인 것뿐이다. 간단하다고 무시

1장 · 더하기로 기초 체력 키우기

하지 말고 착실하게 해 두어야 한다. 계산이 조금 늦어도 괜찮다고 넘어가면 다음 단계에서 반드시 어려움을 겪게 된다. 계산은 안타까울 정도로 늦어지고, 결국 수학을 힘들어하는 아이로 되돌아간다.

받아올림이 있는 덧셈은
어떻게 이해시킬까?

　　　　　　　　　　기본 덧셈의 완성 단계로 들어가자. 모
두 36문제. 다음 쪽 표를 보자.

　이들 덧셈의 답은 모두 11이 넘는다. 일반적으로 받아올림이 있는 덧
셈이라고 하는데, 이 덧셈을 척척 풀지 못하면 앞으로 나오는 모든 계
산을 어려워하게 된다. 그렇다고 통째로 외우라고 강요하는 것도 효과
는 없다. 아주 짧은 시간에 계산식을 이미지화할 수 있도록 가르쳐야

$$2+9= \mid \quad 3+9= \mid \quad 3+8= \mid \quad 4+9= \mid \quad 4+8= \mid$$

$$4+7= \mid \quad 5+9= \mid \quad 5+8= \mid \quad 5+7= \mid \quad 5+6= \mid$$

$$6+9= \mid \quad 6+8= \mid \quad 6+7= \mid \quad 6+6= \mid \quad 6+5= \mid$$

$$7+9= \mid \quad 7+8= \mid \quad 7+7= \mid \quad 7+6= \mid \quad 7+5= \mid$$

$$7+4= \mid \quad 8+9= \mid \quad 8+8= \mid \quad 8+7= \mid \quad 8+6= \mid$$

$$8+5= \mid \quad 8+4= \mid \quad 8+3= \mid \quad 9+8= \mid \quad 9+7= \mid$$

$$9+6= \mid \quad 9+5= \mid \quad 9+4= \mid \quad 9+3= \mid \quad 9+2= \mid$$

한다. 9+4와 8+6의 경우를 표로 나타내어 보자.

9+4의 계산 방법을 나타낸 그림은 금방 이해할 수 있지만 8+6의 계산 방법을 나타낸 그림은 52진법이라고 해서 조금 드문 방법이다. 이 방법은 수모형을 사용해서 이해시킨다.

52진법을 응용해서 8+6을 계산해 보자.

8은 5와 3, 6은 5와 1의 합이다. 따라서 8+6은 (5+3)과 (5+1)의 합과 같다. 여기에서 5와 5를 더하면 10이 되고 남은 3과 1을 더하면 4가 된다. 따라서 최종적으로 10과 4를 더하면 14가 된다는 식으로 이야기해 주면 아이는 쉽게 이해할 것이다. 계산이 서툰 한 4학년 아이는 이런 말을 하며 기뻐했다.

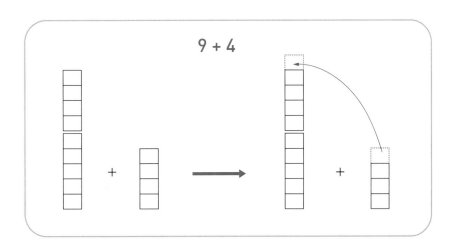

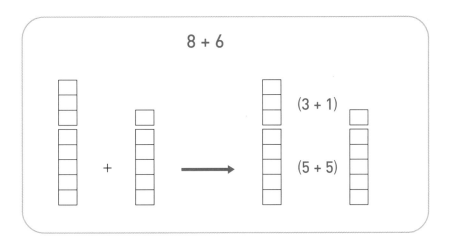

"저는 이 방법은 안 배웠어요. 이렇게 하면 덧셈 같은 건 금방 할 수 있겠어요."

자기가 어려워하던 일을 쉽게 할 수 있는 방법을 알게 되었을 때, 아

1장 · 더하기로 기초 체력 키우기

이들의 지적 희열은 각별하다. 이 52진법에 익숙해지면 기본 덧셈을 쉽게 할 수 있다.

1주일만 꾸준히 연습한 뒤에 앞에서 이야기한 받아올림이 있는 기본 덧셈 10문제를 다시 한 번 풀게 하자. 아이의 계산 속도가 틀림없이 빨라져 10문제를 10초 안에 정확히 풀 수 있게 될 것이다.

또 손가락을 사용한 덧셈법을 가르치는 것도 좋다. '손가락을 사용하면 안 된다'라고 금지해서 덧셈을 못하는 것보다는 가장 구체적인 수단인 손가락을 사용해서 덧셈을 할 수 있게 하는 편이 낫다. 이때 수를 나타내는 방법은 다음 그림과 같다. 1, 2, 3, 4, 5는 일반적인 방법으로 손가락을 펴서 나타내지만 6, 7, 8, 9는 조금 다르다. 52진법을 사용하는

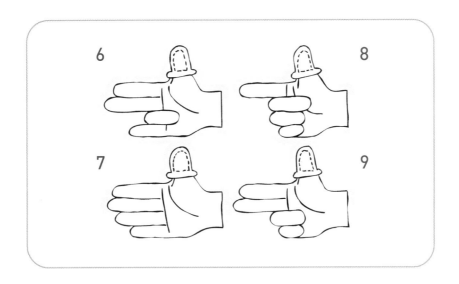

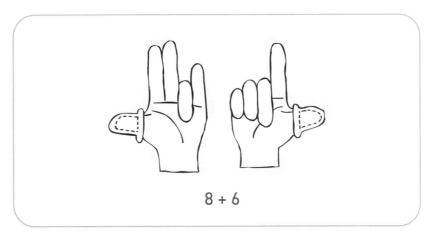

8 + 6

것이다.

　손가락을 써야만 덧셈을 하는 아이는 8＋6 같은 문제가 나오면 절망

(?)한다. 왜냐하면 손가락은 열 개밖에 없기 때문이다. 가끔 발가락을 쓰는 아이도 있지만 이렇게 하면 시간이 너무 많이 걸리고 번거롭다.

그래서 엄지손가락을 5라고 하기로 약속한다(43쪽 그림 참조). 이때 엄지손가락에는 종이나 고무 캡을 씌워서 1이 아닌 5를 나타낸다는 표시를 한다.

8을 나타낼 때는 약지 손가락을 구부리고 새끼손가락을 편다. 이 방법에 익숙해지면 재빨리 나타낼 수 있게 된다.

8+6을 계산한다면 앞쪽의 아래 그림과 같이 된다. 좌우 엄지손가락은 각각 5가 되므로 합해서 10이다. 오른손의 편 손가락 한 개를 왼손에 더해주면 왼손은 네 손가락 모두를 펴서 4가 된다. 따라서 펴진 손가락은 엄지손가락 2개와 왼손 4개이므로 모두 14다. 이와 같은 손가락 계산을 많이 연습시키면 아무리 다른 아이보다 발달이 뒤떨어진 아이라도 신나게 공부하게 된다. 이제는 받아올림이 있는 덧셈도 어려워하지 않는다. 손가락 계산 52진법, 꼭 기억해 두자.

몰라볼 만큼
계산이 빨라지는 연습법

　　　　　　기본 덧셈을 척척 풀 수 있으려면 지금
까지 이야기한 내용을 빼놓지 말고 꾸준히 해야 한다. 한 자리 수끼리
의 덧셈에서 답이 5를 넘지 않는 계산, 답이 5~10까지의 계산, 그 다음
에는 받아올림이 있는 덧셈, 이 세 가지 기본 덧셈을 말 그대로 완벽하
게 해 두지 않으면 앞으로 나오는 모든 계산을 자유자재로 할 수 없게
된다.

마구잡이로 계산 연습을 시키면 안 된다. 시간을 들여서 천천히, 서두르지 말고, 여유 있게, 즐겁게 시켜야 한다. 내 아이가 평균보다 조금 늦다고 초조해하면 안 된다. 어떤 아이든 즐겁게 정한 시간대로 공부를 하면 실력은 눈에 띄게 좋아진다.

아이가 '자신 있어. 해 보니 실력이 확실히 늘었어. 나는 바보가 아니었어' 라는 생각하도록 하는 좋은 공부법 중에 100칸 계산법이라는 것이 있다.

하는 방법도 쉽고 문제 만드는 방법도 매우 간단하다. 답을 확인하는 것도 재미있다. 게다가 늘 부모가 자녀의 공부를 일일이 챙겨줄 수 없는 맞벌이 가정, 한 부모 가정, 사회적 활동으로 부모가 모두 바쁜 가정도 충분히 할 수 있다.

이때, 반드시 주의해야 할 점은 절대로 빨리 하라고 재촉하지 않아야 한다는 점과 다른 아이보다 늦다고 야단치지 않는 것이다. 어제보다 얼마나 정답 수가 늘었는지, 그저께보다 얼마나 푸는 시간이 빨라졌는지, 1주일 전보다 얼마나 좋아졌는지를 평가의 기본으로 삼는다.

조금이라도 좋아졌다면 "잘했다", "정말 빨라졌구나" 하며 칭찬한다. 때때로 "요즘 완전히 다른 사람이 된 것처럼 잘 푸는구나. 조금 쉬면서 간식이라도 먹자"라고 이야기하자. 아이의 의욕을 북돋아주는 최고의 칭찬법이다.

100칸 연습은 기본 덧셈을 연습하는 가장 효율적인 방법이다. 돈도 시간도 거의 들이지 않고 쉽게 할 수 있기 때문이다.

+	3	5	8	4	2	0	6	9	7	1
3										
5										
8										
4										
2			10							
0										
6										
9							15			
7										
1										

문제는 이렇게 낸다. 먼저 가로 세로 11칸을 만든다. 왼쪽 제일 위 칸에 빨간 펜으로 +를 써 넣는다. 첫 번째 줄에 0부터 9까지의 숫자를 순서에 상관없이 빨간색으로 써 넣는다. 제일 왼쪽 줄에는 제일 윗줄에 쓴 숫자를 순서대로 써 넣는다. 이때 이웃하는 숫자는 2 이상 차이가 나야 한다. 예를 들면 6 옆에는 7이나 5는 쓸 수 없다. 2 이상 차이가 나지 않으면 계산해 보지 않고 1 많거나 적은 답을 쓰게 되므로 계산력이 조금도 늘지 않는다. 익숙해지면 아이 스스로 문제를 만든다. 문제를 만드는 시간은 30초, 초시계를 준비한다.

"준비, 시작" 하고 시작한다. 문제는 왼쪽에서부터 푼다. 처음에는 속도보다는 정답을 쓰는지에 초점을 맞춘다. 단, 아이가 왼손잡이라면 문제를 오른쪽 끝에 내 준다.

아이에게는 어떤 덧셈이든 자동적, 반사적으로 답할 수 있게 되기 위한 연습이라고 분명히 이야기해 둔다.

기본 덧셈 100문제는 2학년의 보통 아이라면 8분 정도 걸리는데 2분 전후로 풀 수 있을 때까지 꾸준히 연습시킨다. 대개는 연습량에 비례해 답을 쓰는 속도가 점점 빨라진다.

이 계산 연습은 길어도 10분을 넘지 않는다. 너무 오래하면 손도 아프고 눈도 피로해지고 머리도 멍해진다. 10분 정도가 적당하며, 아이가 잘 한다면 200문제 정도가 좋다. 처음에는 10분에 100문제가 좋다. 그러다 보면 10분에 200문제를 풀 수 있게 된다. 두 달만 꾸준히 연습하면 400문제 이상 풀 수 있는 아이가 속출한다. 합계 1만 문제를 넘으면 100문제를 2분도 안 되는 시간 안에 풀 수 있게 된다. 앞으로 6개월만 꾸준히 하면 2만 문제를 끝낼 수 있다. 이제 기본 덧셈은 숙달된 경지에 이르렀다. 1문제를 푸는 데 1초밖에 안 걸린다면 더 이상 할 필요는 없다. 밖에 나가서 친구들과 놀게 한다. 3학년 이상인 아이라면 쉽게 할 수 있다. 틀림없이 부모와 같은, 아니 부모를 능가하는 수준에 이를 것이다.

만일 아이의 속도가 좀처럼 늘지 않는다면 계산에서 어딘가 막히는 곳이 있기 때문이다. 특히 7+8이라든지 6+7처럼 받아올림이 있을 때 주로 막히는데, 아직 계산에 자신이 없기 때문이다. 또 3+6이나 2+7 같이 비교적 쉬운 문제에서 걸리는 아이도 있다.

　계산하는 시간을 살펴보면 어떤 계산을 할 때 제일 많이 걸리는지 알수 있다. 아이가 어려워하는 숫자는 6, 7, 8이 들어간 덧셈이다. 특히 속도가 떨어지는 부분은 기록해 두었다가 **중점적으로 연습시킨다**. 수모형을 사용해서 다시 한 번 정확히 알려주고 수 계산도 확실하게 시킨다.

　제대로 익히려면 1주일은 걸린다. 인간은 기계가 아니기 때문에 금방기억하지 못하거나, 기억했던 것도 잊어버린다. 당연한 일이다. 만 명에 한 명 정도 있는 뛰어난 기억력의 소유자라면 몰라도 수재라고 부르는 아이를 포함해 모든 아이들에게 잊어버리는 것은 당연한 일이다. 그것을 방지하기 위해서, 또 확실히 기억시키기 위해서 반복과 재생 학습을 날마다 조금씩 시켜야 한다. 자동적으로, 순간적으로 대답할 수 있게 되려면 한 달은 걸린다. 절대로 초조해하면 안 된다. 재촉하거나 야

1장 · 더하기로 기초 체력 키우기

단치거나 비난하면 아이는 공부를 싫어하게 된다.

아이들 스무 명 중 한 명 정도는 계산이 매우 늦다. 그런 아이라도 날마다 꾸준히 하다 보면 한두 달은 아니더라고 석 달 정도 하면 다른 아이처럼 빨리 계산할 수 있게 된다. 깜짝 놀란 부모는 '정말로 제대로 풀었을까? 틀린 답을 쓴 건 아닐까?' 하고 의심까지 한다. 하지만 답을 보면 거의 정확하다.

"와, 잘 했구나."

부모의 이 한마디는 아이에게 무엇보다 큰 선물이다. 아이 자신도 깜짝 놀라고 너무나 기뻐서 어쩔 줄 몰라 한다. 부모의 칭찬 한마디에 자기도 모르게 눈물을 흘리는 아이도 있다. 이 날이야말로 아이가 새롭게 태어나는, 정말로 기쁜 날이다. '발달기념일'인 셈이다.

어제보다 오늘, 오늘보다 내일, 자신의 도전에 기대와 꿈을 품는 아이에게는 미래가 있다. 이 100자리 계산은 노력에 비례해서 어느 날부터 갑자기 빨라진다. 이 계산 연습은 자신에 대한 신뢰와 자부심, 자신감을 얻는 가장 좋은 공부법이다. 이것은 특별히 수학적 사고력을 늘리기 위한 것만은 아니다. 자기의 능력을 깨닫는 데 더없이 좋은, 다른 것에 견줄 수 없을 정도로 뛰어난 공부법인 것이다.

그러므로 지금 계산력이 아주 뒤떨어지는 아이일수록 좋다. 그런 아이가 연습하면 처음에는 조금씩, 그러다 어느 날부터 갑자기 눈에 띄게 빨라진다. 한 달 전보다, 일주일 전보다, 그제보다, 어제보다 오늘 더 정확하고 빨리 문제를 풀 수 있다. 처음부터 계산을 잘하는 아이는 짧은 기간 동안만 꾸준히 하면 100문제를 1분 20초 전후로 풀 수 있게 된다. 그 뒤로는 더 빨라지지 않는다. 이 정도가 되면 이제 기본 덧셈 연습 같은 건 의미 없는 공부가 된다. 말하자면 쓸데없는 공부인 것이다. 아직 계산이 서툰 아이야말로 100자리 계산으로 눈에 띄는 효과를 볼 수 있다.

이런 아이들은 연습 과정에서 틀림없이 이렇게 말할 것이다.

"나는 바보가 아니었어."

"열심히 하니까 잘할 수 있네요. 너무 기뻐요."

최근 대뇌연구 결과, 초등학교 1, 2학년이 배우는 쉬운 계산을 날마다 조금씩, 10~15분 정도, 신속 정확하게 답하는 공부는 뇌를 발달시켜 집중력과 지속력을 단련시키고 머리를 좋아지게 하는 가장 효과적인 공부법이라는 사실이 밝혀졌다. 더구나 이런 공부는 난폭함이나 신경질 같은 이상한 행동과는 거리가 먼, 견실한 자제심을 기르는 데 큰 도움을 준다는 사실도 알 수 있다.

일본 에도 시절의 데라코야(우리나라의 서당과 같은 기능을 했다-옮긴이)에서는 요즘 식으로 말하면 **읽기와 쓰기, 계산을 중시하는 반복 학습**을 중시했다. 이 교육을 무시하거나 경시하면 청소년은 성실한 인간으로 자랄 수 없다. 21세기 미래는 바람직한 교육에 달렸다.

1장 · 더하기로 기초 체력 키우기

| 2장 |

빼기로
수학 재미
붙이기

$+a_i z^{n-i} + \ldots + a_{n-i})$ $b_i \equiv \int \frac{x}{x_i} dx$ $z^n - a^n = (z-a)(z^{n-1}$

$+a_i z + \ldots + a_n z^n = \sum\limits_{k=0}^{n} a_k z^k$ $(a_n \neq 0)$ $P_n(z) = a_0 + a_i z$ $P_n($

$\cdot h) - \log_a x =$ $a = \psi\left(\frac{1}{h}\right)$ $(\log_a x)' = \lim\limits_{h \to 0}$

$\lim \log_a \left(\frac{x+h}{x}\right)^{1/h} = \lim \log_a \frac{1}{x}(1+\frac{h}{x})^{x/h}$ $\lim \frac{1}{x} \log_a$

뺄셈은 구조부터 가르친다

아이가 기본 덧셈 100문제를 술술 풀게 되면 이번에는 뺄셈을 연습한다. 처음부터 100칸 연습을 할 수 있는 아이도 있지만 아직 계산이 떨어진다면 기본부터 시작한다. 뺄셈의 의미나 원리를 잘 모르면 아무리 연습을 많이 해도 아이는 흥미를 느끼지 못하고 지겨워한다. 들인 시간에 비해 진도가 나가지 않는 것이다.

보통, 아이들은 덧셈보다 뺄셈을 어려워한다. 하지만 뺄셈도 연습을 많이 하면 덧셈과 거의 같은 속도로 풀 수 있다. 일반적으로 뺄셈을 하는 데 더 많은 시간이 걸린다고 생각하지만, 그것은 덧셈에 비해 뺄셈 연습량이 훨씬 적었기 때문이다.

　뺄셈도 기초부터 해야 한다. 덧셈에서 5를 넘지 않는 수의 합성과 분해, 그리고 10까지의 수의 합성과 분해는 확실히 했으므로 뺄셈을 이해하고 숙달하는 데 시간을 많이 단축할 수 있을 것이다. 시험 삼아 다음의 뺄셈을 시켜보자. 아마 어떤 답도 금방 쓸 수 있을 것이다.

∷ 5까지 수의 뺄셈(21문제) ∷

0-0 =	1-0 =	5-1 =
4-1 =	2-1 =	4-3 =
5-4 =	3-2 =	2-2 =
3-3 =	5-0 =	4-0 =
3-1 =	4-2 =	3-1 =
1-1 =	5-3 =	2-0 =
5-5 =	4-0 =	5-2 =

　이 뺄셈 문제를 보고 아직까지도 고개를 갸웃거리거나 손가락을 꼽으면서 세는 아이가 있다면 덧셈부터 다시 연습해야 한다. 덧셈에서 '뭐,

2장 · 빼기로 수학 재미 붙이기

이 정도면 됐어' 라고 대충 하면 뺄셈을 할 때 어려움을 겪는다. 하지만 가성저학력(假性低學力)인 아이라면 1주일도 되지 않아 금방 뺄셈을 풀 줄 안다.

'가성저학력아' 는 이른바 학습능력이 떨어져서 학교 수업을 못 따라가는 학생이다. 즉 지각능력은 나이대로 발달했지만 학습능력만 자기 학년의 수준에 미치지 못하는 아이다. 이런 아이들의 특징은 부모에게 억지를 쓰는 것이다. 또 교실 청소를 할 때 선생님의 눈을 피해서 게으름을 피우거나 친구에게 욕을 하고, 약한 아이를 괴롭힌다. 게다가 나쁜 짓을 하다가 걸리면 다른 사람에게 책임을 떠넘긴다.

하지만 이런 아이와 이야기를 나눠 보면 감각도 있고 지각능력도 느낄 수 있다. 결코 머리는 둔하지 않은 것이다. 그러나 공부는 적성에 맞지 않는다며 의욕적으로 매달리지 않는다. 교실에서는 자주 떠들고 일어서서 돌아다니며 늘 물건을 잃어버린다. 사람 좋고 성격도 좋지만 끈기는 전혀 없다. 글 쓰는 것을 몹시 힘들어할 뿐만 아니라 속도도 느리고 글씨도 지저분하며 오자투성이라는 3박자를 고루 갖추고 있다.

부모나 선생님에게 늘 옳은 소리만 하기 때문에 '정말 머리가 좋은 아이일거야', '이 아이는 똑똑해. 틀림없이 잘할거야' 라는 생각을 심어주지만, 시간이 아무리 많이 흘러도 실력은 늘지 않는다. 말하자면 조금도 나아지지 않고 바닥을 기는 수준의 학습능력으로 남아 있다. 이런 아이를 '가성저학력아' 라고 부른다. 이런 아이들은 또 대부분 '가끔 공부형' 이다.

: : 10까지 수의 뺄셈(40문제) : :

8-2 =	7-4 =	6-1 =	9-2 =
9-7 =	9-0 =	10-5 =	10-9 =
10-0 =	8-7 =	9-8 =	8-1 =
7-1 =	10-1 =	10-8 =	7-3 =
10-6 =	7-2 =	7-5 =	10-2 =
8-3 =	6-3 =	9-1 =	6-4 =
9-6 =	8-0 =	10-7 =	9-5 =
6-5 =	9-4 =	8-4 =	7-0 =
6-2 =	10-3 =	7-6 =	10-4 =
9-3 =	8-5 =	6-0 =	8-6 =

하지만 듣는 말은 모두 이해하고 숙제만 해도 공부를 잘할 수 있는 능력이 있는 아이다. 지각능력은 다른 아이와 비교했을 때 전혀 손색이 없다. 잘 노는 만큼 체험으로 얻은 사고력은 오히려 풍부하다.

따라서 의욕을 갖고 착실하게 공부하면 실력이 쑥쑥 늘어날 수 있다. 그러므로 앞에 든 '1에서 10을 이용한 뺄셈 40문제' 정도는 열흘 만에 풀 수 있다. 나아가 62쪽에서 소개할 받아내림이 있는 뺄셈도 날마다 10분씩만 연습하면 1분 만에 답할 수 있을 정도로 실력이 좋아진다.

2장 · 빼기로 수학 재미 붙이기

수학을 좋아하느냐
싫어하느냐는 뺄셈에 달렸다

　　　　　　　　　15 빼기 8처럼 받아내림이 있는 계산을
빨리 풀 수 있는 아이는 거의 대부분 수학을 잘하는 아이다. 계산을 싫
어하는 아이들 대부분은 받아내림이 있는 뺄셈을 못한다. 수학을 못하
는 아이는 이 점을 확실히 하는 것에서부터 **재출발**해야 한다. **1학년 공
부부터** 다시 하는 것이다.

　기본 덧셈에서 다루었던 수모형은 아이가 뺄셈 구조를 이해하는 데

2장 · 빼기로 수학 재미 붙이기

엄청난 위력을 발휘한다. 가능하면 아이 스스로 두꺼운 종이를 잘라서 수모형을 만들어 보게 하면 좋다. 아이들은 다른 사람에게 받은 물건은 금방 잃어버리지만 자신이 만든 물건은 소중하게 여긴다.

수모형은 사방 3센티미터의 정사각형 20개, 3×30센티미터 직사각형 1개, 3×15센티미터 3개를 만든다. 직사각형에는 3센티미터마다 가로로 선을 그려 넣는다. 세로 30센티미터짜리 직사각형 하나는 작은 정사각형 10개와 같다. 뒤집으면 가늘고 긴 직사각형이지만 이것은 정사각형 10개를 나타낸다. 그리고 15라는 수를 수모형으로 나타내게 한다. 15라면 세로로 긴 타일 1개와 정사각형 모형 5개가 된다.

이어서 아이에게 "교실에서 청소를 할 때 남자와 여자가 함께 하지? 15명 중에서 8명이 남자라면 여자는 몇 명일까?"라고 구체적인 장면을 떠올리게 한다. 아이는 잠시 수모형을 본 다음에 올바른 답을 말할 것이다. 그랬다면 "어떤 방법으로 했니?"라고 물어 보자.

뺄셈도 단지 답만 말하게 하면 좀처럼 실력이 늘지 않는다. 차(差)를 쉽게 구하려면 어떻게 해야 되는지 아이에게 생각하게 한다. 방법도 하나만이 아니라 여러 가지로 찾아내게 한다. 덧셈과 마찬가지로 수모형을 사용해서 생각하게 하면 아이 나름대로 많은 방법을 발견한다.

다음 쪽 그림은 15 빼기 8을 나타낸 그림이다.

10에서 8을 빼면 2가 남는다. 그 2와 남아 있는 5를 더하면 7이 된다. 한눈에 알 수 있다. 또 다른 방법이 있다. 오른쪽 그림처럼 할 수도 있다.

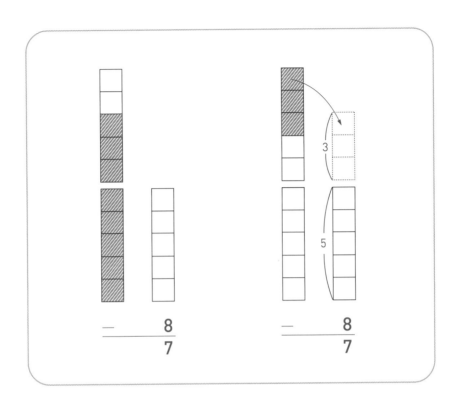

어떤 아이는 이렇게 생각할 것이다.

5에서 8을 뺄 수 없으니까 뺄 수 있으려면 5에다 3을 더해 줘야 한다. 그러면 8이 된다. 8에서 8을 빼면 0이다. 더해 준 3은 10에서 받은 것이니까 원래 10은 7이 된다. 그래서 답은 7이다.

다른 아이는 "5에서 8을 뺄 수 없으니까 거꾸로 8에서 5를 빼면 3이 된다. 10에서 그 3을 빼면 답은 7이 된다"라고 말한다.

수모형을 보면서 좀 더 다양한 방법을 생각해 내는 아이도 있을 것이

2장 · 빼기로 수학 재미 붙이기

: : 받아내림이 있는 뺄셈(36문제) : :

11-2=	12-4=	13-7=	15-7=
11-3=	12-5=	13-8=	15-8=
11-4=	12-6=	13-9=	15-9=
11-5=	12-7=	14-5=	16-7=
11-6=	12-8=	14-6=	16-8=
11-7=	12-9=	14-7=	16-9=
11-8=	13-4=	14-8=	17-8=
11-9=	13-5=	14-9=	17-9=
12-3=	13-6=	15-6=	18-9=

다. 어떤 생각이나 방법도 좋다. 올바른 답을 끌어 낼 수 있다면 아이에게는 모두 일종의 발견이고 발명이다. 높이 평가해 주자. 한 가지 방법에 구애되지 말고 여러 가지 방법을 생각해 보자.

수학은 답은 하나지만 구하는 방법은 많은 과학이다. 이 방법을 발견하는 것이 수학의 묘미다. 아이들은 의욕에 넘쳐서 머리를 쓴다. 그리고 수학을 좋아하는 아이로 다시 태어나는 것이다.

받아내림의 기본 뺄셈은 전부 36문제다.

아이가 풀기에는 어려울지 모른다. 하지만 이 문제는 수학을 잘할 수

있느냐를 결정하는 관문이다.

　뺄셈은 특별히 신경 써서 연습시켜야 한다. 문제를 풀 때 머릿속으로 수모형을 떠올릴 수 있는지 확인한다. 이렇게 하면 다소 시간은 걸려도 확실히 발전한다.

　답을 쓰는 속도가 어느 정도 빨라지면 36문제의 출제 순서를 바꾸어서 날마다 5분씩 10일만 계속한다. 의욕이 없는 아이에게 못한다거나 틀렸다고 야단치면서 몇 번이고 다시 풀게 하는 것은 금물이다.

　공부는 어디까지나 기분 좋게, 즐거운 마음으로 해야 가장 효과가 크다.

　절대로 아이가 공부를 힘들다, 귀찮다고 느끼게 만들어서는 안 된다. 부모의 조급함은 공부를 싫어하는 아이를 만들 뿐이다.

100일 만에 뺄셈을 완벽하게 하게 되는 100칸 계산

　기본 뺄셈법을 제대로 이해한 다음에
는 일일이 생각하지 않고도 즉시 답을 쓸 수 있게 연습을 확실히 시킨다.

　뺄셈의 100칸 연습도 기본 덧셈과 마찬가지로 초조해하거나 재촉하
지 말고 천천히 시간을 들여서 100일 동안만 끈기 있게 시키자. 문제
내는 방법은 덧셈과 같다. 단, 제일 위 칸에는 10에서 19까지의 수를 써
넣는다.

:: 기본 뺄셈 100문제 연습 ::

−	13	15	18	14	12	10	16	19	17	11
3										
5										
8										
4										
2		13								
0										
6										
9				5						
7										
1										

답을 쓰는 방법은 제일 위 칸의 수에서 제일 왼쪽 칸의 수를 뺀 수를 그림과 같이 써 넣는다. 저학년 때 이와 같은 기본 뺄셈을 제대로 해 두지 않은 아이는 100칸을 채우는 데 20분 이상이나 걸린다. 말하자면 계산이 느린 아이다.

이 기본 뺄셈을 제대로 하지 못하면 큰 수의 나눗셈도 못한다. 그쯤 되면 정말로 수업을 따라가지 못하는 아이가 되어 버린다. 계산기로 풀면 된다고 안심하고 있으면 아이의 숫자 감각은 조금도 늘지 않는다. 노력하는 만큼 아이는 단련된다.

이 기본 뺄셈을 풀지 못하는 상태로 내버려 두면 안 된다. 그러면 아이는 나중에 반드시 대가를 치른다. "조금 늦어도 괜찮아"라고 넘어가지 말고 기본 덧셈과 마찬가지로 날마다 10분씩 100일 동안 꾸준히 연습시키자. 목표는 100문제를 2분 안에 푸는 것이다. 그렇게 하면 2만 문제 가까운 연습을 할 수 있다. 물론 아이에게는 벅찬 양이다. 하지만 날마다 10분씩 100일 동안 꾸준히 시키자.

처음에는 동전이나 바둑알을 사용해도, 손가락을 써도 좋다. 아이가 조금 늦게 풀더라도 재촉하지 않는다. 수모형을 이용하는 것도 좋은 방법이다.

답을 즉시 쓰는 것은 그 문제를 이미 정확히 기억하고 있다는 증거다. 푸는 데 시간이 많이 걸리는 문제는 같은 문제를 7일쯤 반복해서 내 주면 완전히 기억한다. 그때는 "이제 기억하는구나" 하며 아이와 함께 기뻐하자.

한 달만 꾸준히 연습하면 대부분의 문제를 금방 풀 수 있게 된다. 하루에 10분씩만 연습하면 된다. 저녁식사 전후에 하면 좋다. 두 달쯤 지나면 숫자만 보고 그 자리에서 답을 술술 쓸 수 있다. 그리고 석 달쯤 지나면 어른 수준으로 문제를 푼다. 100일쯤 되면 100문제를 2분 안에 완벽하게 풀 수 있게 된다. 그 날은 온 가족이 축하해주자. '발달기념일'이라는 이름으로 외식을 해도 좋다. 아이에게 기쁘고 자랑스러운 추억이 될 것이다.

이 기본 뺄셈은 아이가 수학을 좋아하고 계산을 어려워하지 않게 도와주는 최상의 방법이다. 부모는 절대로 재촉하지 말고, 조금이라도 실력이 나아지면 진심으로 기뻐하자. 어제보다 시간이 더 걸렸을 때는 "안타깝지만 내일 다시 하자"라고 위로한다. 그러면 아이는 좀 더 잘 하겠다고 다짐한다. 빨리 풀게 하려고 2~3배 연습시키는 것은 쓸데없 는 짓이다. 아이는 천천히 발달한다. 차라리 밖에 나가서 놀게 하자.

그런데 갑자기 100칸 뺄셈에 들어가면 아이들 대부분이 12~17의 수 에서 3~9의 수를 빼는 계산을 어려워한다. 어쩌면 하기 싫다고 내던지 는 아이도 있을지 모른다. 이럴 때 부모가 화를 내면서 잔소리를 하면 아이는 수학을 정말로 싫어하게 된다.

"엄마도 어렸을 때 뺄셈을 힘들어 했어. 그래서 수학을 못했단다. 하 지만 100일 동안 10분씩 100칸 문제를 꾸준히 풀었더니 아주 잘하게 되었지. 오늘은 첫날이니까 시간이 얼마나 걸리는지만 재 보자"라고 웃 으며 말한다. 아이가 수긍하면 이 책의 65쪽에 있는 문제를 다른 종이 에 베껴서 풀게 한다.

"열심히 해 봐. 처음에는 누구나 시간이 많이 걸린단다. 몇 분 몇 초 나 걸리는지 재 볼게. 한 20분쯤 걸릴 거야. 아무튼 해 보자." 이렇게 격려한다.

20분 만에 풀었다면 기쁜 일이다. 하지만 20분도 무리다. 대부분의 아이들은 풀지 못한다. 부모도 같은 문제를 풀어 보자. 이때 부모는 아 이보다 조금만 빨리 답을 써서 20초 정도 먼저 끝낸다. 그리고 두 사람 의 답이 맞는지 확인하고 동그라미를 친다. 하나에 1점이다. 전부 맞았 으면 100점, 틀렸거나 빈칸으로 둔 것은 감점한다.

2장 · 빼기로 수학 재미 붙이기

재미있는 놀이를 한다는 생각으로 해야 아이도 편안한 마음으로 문제를 풀 수 있다. 부모가 시험 감독관처럼 지켜보고 있으면 아이는 긴장하고, 결국은 떠들기 시작한다. 부모도 아이와 함께 풀어 보자. 아이보다 조금만 일찍 끝내고, 걸린 시간을 기록한다.

다음날부터는 날마다 10분씩 100칸 뺄셈을 한다. 문제는 순서를 바꿔서 내는데, 맨 위 칸에는 10에서 19까지, 왼쪽 첫줄에는 0에서 9까지의 수를 빨간색 연필로 써 넣는다. 이때도 덧셈과 마찬가지로 이웃한 숫자는 반드시 2 이상 크거나 작게 한다. 그렇지 않으면 아이는 이웃한 답에 1을 더하거나 빼서 답을 쓴다. 그러면 계산 실력이 조금도 늘지 않는다. 오히려 시간 낭비일 뿐이다.

시간은 10분으로 정한다. 그다지 연습을 하지 않은 아이라면 처음에는 25개 정도 맞힐 것이다. 그러나 낙담하지 말자. 물론 안타깝겠지만 실망할 필요는 없다. 지금은 잘하지 못하더라도 날마다 10분씩 꾸준히 연습하면 100일 만에 부모와 비슷한 속도로 계산할 수 있게 된다. 100일 만에 눈부시게 실력이 좋아진다. 10분에 100칸 뺄셈을 500문제나 풀 수 있게 된다. 놀라운 일이다.

성적이 나빴던 아이일수록 실력이 쑥쑥 는다. 아이는 자신감과 긍지를 갖게 되고, 더는 친구에게 놀림도 받지 않는다. 밝고 당당해진 아이는 마침내 공부를 좋아하게 된다.

최근, 단순 계산 연습은 대뇌 발달에 매우 좋은 영향을 미친다는 사실이 밝혀졌다. 게다가 버릇없고 제멋대로이며 폭력적인 마음을 억제

하는 기능도 있다는 점도 뇌과학 연구로 인정받았다. 그렇다면 반대로 거칠거나 날카로운 성격은 계산 연습이나 교과서를 포함한 책 읽기, 반복 학습이 부족한 아이에게 생기는 속성이라고 생각할 수 있다.

이런 아이는 수많은 반복을 거듭하는 단순한 읽기, 쓰기, 계산 공부가 부족한 상태기 때문에 공부에 집중하지 못한다. 게다가 말하기 중시 교육, 텔레비전과 비디오 게임에 젖은 생활이 더욱 이런 성격을 조장하는 것은 아닐까?

이것은 매우 중요한 이해법이다.

계산력을 향상시키는 공부를 포함해 날마다 짧은 시간이지만 읽기, 쓰기를 계속하면 뇌가 좋아진다.

원숭이에서 갈라져 인간으로 진화할 수 있었던 것은 손의 발달과 함께 수와 언어를 획득했기 때문이다. 가장 초기는 단순한 수와 언어를 익혔을 때다. 지금의 인간이 영아에서 유아로, 유아에서 청소년으로 발달해 가는 것과 마찬가지로 단순한 수와 단순한 언어를 몇 백만 년에 걸쳐서 인간은 자신의 것으로 만들었다. 인간이 인간으로 진화하는 데 단순한 수와 문자의 원형을 포함한 언어의 획득은 빼놓을 수 없는 요소였다. 아이를 교육할 때 이 점을 경시하면 착실한 사람으로 키울 수 없다는 것을 명심하다.

인간은 뇌의 전두전야(前頭前野 : 뇌의 제일 앞부분, 인간이 인간다움을 유지할 수 있는 부분으로 사고력, 기억력, 정서, 창조력, 의사소통에 큰 영향을 준다-옮긴이)에 욕망을 제어하는 중추가 있다. 읽고, 쓰고, 계산하는 반복 학습은 이 전두전야를 발달시킨다. 날카로운 아이, 거친 아이는 뇌의 그 부분이 불충분하게 발달된 것이 아닐까? 그 때문에 욕망을 제어하지 못하고, 욕망대로 범죄를 저지른다고도 생각할 수 있다.

초등학생 때 읽기, 쓰기, 계산을 날마다 꾸준히 하는 아이는 어느 사이에 성격 좋은 아이가 된다. 그것은 부모도 실감할 수 있다. 초등학생 무렵은 '학습능력의 발달이 인격의 발달을 견인하기 때문'이다.

예로부터 데라코야에서는 예의범절도 제대로 가르쳤다. 하지만 이제 그 전통은 근본적으로 붕괴되었다. 그래서 날마다 심각한 범죄가 끊이지 않는다. 이것은 전두전야의 발달을 매우 경시하는 교육, 즉 읽기, 쓰기, 계산 공부를 중시하지 않고, 종합적 학습이나 숙달도별 학습에 많은 시간을 할애하고 있는 요즘의 교육 현실과도 밀접하게 연관되어 있지 않을까?

과연 지금의 교육은 아이의 발달에 적절한 교육이라고 말할 수 있을까? 텔레비전, 비디오 게임, 컴퓨터 같은 영상물을 날마다 3시간 넘게 보는 영상중독증을 방임한 결과, 아이들은 하루하루 바보가 되고 있고, 잔혹한 비행 청소년으로 변해 가고 있다.

지금 당장 어린이들의 미래를 밝혀 주기 위한 교육과 복지, 나아가 시설을 만들지 않으면 이 나라는 단번에 침몰과 붕괴의 길로 떨어질 위험이 충분하다. 지금까지 상상도 하지 못했던 범죄의 속출은 그 전조다.

혼자 열중해서 푸는
열 번 덧셈법

　　밤마다 자녀의 공부를 봐 줄 만큼 시
간이 많은 부모는 드물다. 모든 부모는 바쁘다. 그래서 어느 집이나 아
이에게 하는 소리는 비슷하다. 가장 많이 하는 말은 "빨리 해라", "지금
당장", "서둘러라"다. 두 번째로는 "공부해라", "책 좀 봐라"이고 세 번
째로 많이 하는 말은 "또 텔레비전 켰니? 어서 꺼", "게임만 하니", "이
제 포기했다"라는 짜증 섞인 소리뿐이다.

　　　　　　　　　　　　　　　　　　　　　　　　　　2장 · 빼기로 수학 재미 붙이기

생활에 여유가 있는 부모는 거의 없다. 늘 짜증이 난다. 그리고 지쳐 있다. 입에서 나오는 말은 "아, 힘들어", "아, 피곤해"다. 이렇듯 몸도 마음도 바빠서 만성적인 피로에 젖어 있는 부모가 아이의 공부를 봐 주기란 하늘의 별따기다.

그래서 아이 혼자서 공부할 수 있는 방법을 제시해 주어야 한다. 그 하나가 기본 덧셈, 뺄셈에 익숙해지게 하는 열 번 덧셈, 열 번 뺄셈이라는 계산 연습인데, 아이는 깜짝 놀랄 만큼 열중해서 문제를 푼다. 그리고 아주 짧은 시간 내에 형이나 언니, 부모보다도 훨씬 빨리 계산할 수 있게 된다. 아주 열심히 하는 아이들 중에는 담임선생님을 따라잡는 아이도 있다.

하는 방법은 간단하다. 먼저 아이가 100칸 기본 덧셈을 2분 만에 풀었다면 1학년 과정은 끝난 것과 마찬가지다.

2학년 과정으로, 임의의 두 자리 수를 공책 맨 위 칸에 쓴다. 가령 그 숫자를 38이라고 하자. 38 밑에 똑같이 38을 쓰고, 그 합을 계산해서 구한다. 답이 나왔으면 그 아래에 또 38을 쓰는 식이다. 그리고 또 덧셈을 한다. 차차 더해 가면 열 번째 나온 답은 원래 수의 10배가 된다. 도중에 틀리면 답이 380이 되지 않는다. 다시 한 번 잘 보면서 어디가 틀렸는지 확인해 보면 답은 반드시 380이 된다. 좋든 싫든 검산도 하게 된다. 이 열 번 덧셈을 두 번 연속해서 각각 4분 이내에 정답을 쓸 수 있다면 합격이다. 그러면 이번에는 3학년 과정으로 나아간다.

:: 2학년 과정 ::

$$\begin{array}{r} 38 \\ +\ 38 \\ \hline 76 \end{array}\qquad \begin{array}{r} 76 \\ +\ 38 \\ \hline 114 \end{array}\qquad \begin{array}{r} 114 \\ +\ 38 \\ \hline 152 \end{array}\qquad \begin{array}{r} 152 \\ +\ 38 \\ \hline 190 \end{array}$$

$$\begin{array}{r} 190 \\ +\ 38 \\ \hline 228 \end{array}\qquad \begin{array}{r} 228 \\ +\ 38 \\ \hline 266 \end{array}\qquad \begin{array}{r} 266 \\ +\ 38 \\ \hline 304 \end{array}\qquad \begin{array}{r} 304 \\ +\ 38 \\ \hline 342 \end{array}\qquad \begin{array}{r} 342 \\ +\ 38 \\ \hline 380 \end{array}$$

:: 3학년 과정 ::

$$\begin{array}{r} 638 \\ +\ 638 \\ \hline 1,276 \end{array}\qquad \begin{array}{r} 1,276 \\ +\ 638 \\ \hline 1,914 \end{array}\qquad \begin{array}{r} 1,914 \\ +\ 638 \\ \hline 2,552 \end{array}\qquad \begin{array}{r} 2,552 \\ +\ 638 \\ \hline 3,190 \end{array}$$

$$\begin{array}{r} 3,190 \\ +\ 638 \\ \hline 3,828 \end{array}\qquad \begin{array}{r} 3,828 \\ +\ 638 \\ \hline 4,466 \end{array}\qquad \begin{array}{r} 4,466 \\ +\ 638 \\ \hline 5,104 \end{array}\qquad \begin{array}{r} 5,104 \\ +\ 638 \\ \hline 5,742 \end{array}\qquad \begin{array}{r} 5,742 \\ +\ 638 \\ \hline 6,380 \end{array}$$

$$
\begin{array}{r}
496{,}873 \\
+\ 496{,}873 \\
\hline
993{,}746
\end{array}
\quad
\begin{array}{r}
993{,}746 \\
+\ 496{,}873 \\
\hline
1{,}490{,}619
\end{array}
\quad
\begin{array}{r}
1490{,}619 \\
+\ 496{,}873 \\
\hline
1{,}987{,}492
\end{array}
\quad
\begin{array}{r}
1{,}987{,}492 \\
+\ 496{,}873 \\
\hline
2{,}484{,}365
\end{array}
$$

$$
\begin{array}{r}
2{,}484{,}365 \\
+\ 496{,}873 \\
\hline
2{,}981{,}238
\end{array}
\ \
\begin{array}{r}
2{,}981{,}238 \\
+\ 496{,}873 \\
\hline
3{,}478{,}111
\end{array}
\ \
\begin{array}{r}
3{,}478{,}111 \\
+\ 496{,}873 \\
\hline
3{,}974{,}984
\end{array}
\ \
\begin{array}{r}
3{,}974{,}984 \\
+\ 496{,}873 \\
\hline
4{,}471{,}857
\end{array}
\ \
\begin{array}{r}
4{,}471{,}857 \\
+\ 496{,}873 \\
\hline
4{,}968{,}730
\end{array}
$$

3학년 과정은 세 자리 수를 열 번 더하는 계산이다. 임의의 세 자리 수를 정하는데, 계산이 너무 쉬워지지 않도록 1은 쓰지 않는다.

2학년 과정과 마찬가지로 4분 안에 풀었다면 합격이다. 이번에는 4학년 과정으로 넘어가자. 4학년 과정은 네 자리 수를 열 번 더하는 계산이다. 목표인 여섯 자리 수를 열 번 더하는 6학년 과정을 마치면 덧셈 실력은 상당하다고 믿어도 좋다. 여러분도 한 번 해 보기 바란다. 4분 안에 풀면 합격이다.

이 열 번 덧셈은 나무 쌓기 놀이 계산이라고도 한다. 여기에는 덧셈의 모든 형태가 나타나며, 열 번 더했을 때의 답은 반드시 원래 수의 10배가 된다. 답을 맞히는 시간도 줄일 수 있다. 이것이야말로 언제, 어디서, 누구나 할 수 있는 계산 연습법이다.

6학년 과정에 합격한 아이는 대개 부모와 맞먹을 정도로 계산이 빠르다. 틀림없이 좀 더 어려운 과제에 도전하고 싶어 할 것이다. 강요하는 것은 아니지만 아이가 바란다면 중학교 1학년 과정, 2학년 과정, 3학년 과정이라고 이름붙이고 각각 한 자리씩 수를 늘려 가도 좋다. 중학교 3학년 과정은 어른도 쩔쩔맬 것이다. 그것까지 통과한 아이에게는 고등학교 과정도 있다고 말하고 열자리를 열 번 더하는 계산을 알려준다. 보통 부모는 도저히 할 수 없는 정도다. 보는 것만으로도 지긋지긋하다.

　　이쯤 되면 시간낭비다. 차라리 밖에서 친구들과 어울려 노는 편이 아이의 발달에 도움이 될 것이다. 아이는 놀이를 통해서 체력과 사회성을 키운다. 열 번 덧셈은 여섯 자리에서 멈추고, 그보다는 밖에 나가서 놀거나 책을 읽는 등 시간을 좀 더 효과적으로 사용하자.

열 번 빼면 답이 0이 나오는 계산

나눗셈에서 고생하지 않으려면 뺄셈 연습을 확실히 해 두어야 한다. 100칸 기본 뺄셈을 2분 정도에 풀 수 있는 아이에게는 열 번 빼기를 시킨다.

처음에는 1학년 과정으로서, 100칸 계산을 한다. 이미 합격한 아이는 두 자리 수를 열 번 빼는 계산에 도전한다. 덧셈보다는 합격기준이 낮다. 제한시간은 4분이 아니라 5분이다. 답이 0이 되면 합격이다. 문제

내는 방법은 임의의 두 자리 수를 10배 해서 그 수를 제일 위에 쓴다. 그 수에서 임의로 정한 수를 뺀다. 답이 나왔으면 그 답에서 또 같은 수를 뺀다. 이 순서를 되풀이하면 마지막에는 답이 0이 된다. 0이 나왔으면 중간의 계산이 모두 맞았다는 뜻이다.

마지막 답만 맞게 쓰고, 도중에 틀린 과정은 대수롭지 않게 생각하는 아이도 있다. 그 자리에서 틀렸는지 맞았는지 찾아내려면 다섯 번 뺀 곳의 답이 원래 수의 절반인지만 보면 된다. 두세 번 속임수를 썼다가 들통 나면 아이는 계산은 조금 늦더라도 정답을 쓰려고 노력한다.

아래가 2학년 과정의 예문이다. 100칸 기본 덧셈으로 단련되었기 때문에 5분 이내에 쉽게 풀 수 있다.

2학년 과정을 잘하면 다음에는 3학년 과정이다. 임의의 세 자리 수를

:: 2학년 과정 ::

$$
\begin{array}{r} 940 \\ -94 \\ \hline 846 \end{array} \quad
\begin{array}{r} 846 \\ -94 \\ \hline 752 \end{array} \quad
\begin{array}{r} 752 \\ -94 \\ \hline 658 \end{array} \quad
\begin{array}{r} 658 \\ -94 \\ \hline 564 \end{array} \quad
\begin{array}{r} 564 \\ -94 \\ \hline 470 \end{array}
$$

$$
\begin{array}{r} 470 \\ -94 \\ \hline 376 \end{array} \quad
\begin{array}{r} 376 \\ -94 \\ \hline 282 \end{array} \quad
\begin{array}{r} 282 \\ -94 \\ \hline 188 \end{array} \quad
\begin{array}{r} 188 \\ -94 \\ \hline 94 \end{array} \quad
\begin{array}{r} 94 \\ -94 \\ \hline 0 \end{array}
$$

2장 · 빼기로 수학 재미 붙이기

$$\begin{array}{r} 2{,}870 \\ -\ 287 \\ \hline 2{,}583 \end{array} \qquad \begin{array}{r} 2{,}583 \\ -\ 287 \\ \hline 2{,}296 \end{array} \qquad \begin{array}{r} 2{,}296 \\ -\ 287 \\ \hline 2{,}009 \end{array} \qquad \begin{array}{r} 2{,}009 \\ -\ 287 \\ \hline 1{,}722 \end{array} \qquad \begin{array}{r} 1{,}722 \\ -\ 287 \\ \hline 1{,}435 \end{array}$$

$$\begin{array}{r} 1{,}435 \\ -\ 287 \\ \hline 1{,}148 \end{array} \qquad \begin{array}{r} 1{,}148 \\ -\ 287 \\ \hline 861 \end{array} \qquad \begin{array}{r} 861 \\ -\ 287 \\ \hline 574 \end{array} \qquad \begin{array}{r} 574 \\ -\ 287 \\ \hline 287 \end{array} \qquad \begin{array}{r} 287 \\ -\ 287 \\ \hline 0 \end{array}$$

스스로 결정해서 풀어 간다.

5분 안에 풀었다면 합격이다. 다음은 4학년 과정으로 넘어간다. 이쯤 되면 5분 안에 푸는 아이가 적어진다. 100칸 계산을 2분 이내에 푼 아이는 쉽게 합격하지만, 조금 시간이 걸렸던 아이라면 5분 안에 푸는 것은 무리다. 5분 이내에 풀려고 서두르다 보면 실수하고, 착각해서 도중에 틀리게 된다. 어디에서 잘못했는지 알아 보는 중에 시간이 다 가 버린다.

실수하는 곳은 두 군데다. 하나는 앞의 수(빼지는 수)에 0이 들어 있는 경우다. 앞의 계산을 예로 들면 아래의 경우다.

$$2{,}009 - 287 =$$

누구나 9빼기 7은 2라는 것을 안다. 다음, 0에서 8은 뺄 수 없다. 그래서 100의 자리에서 10을 꿔 오는 것까지는 할 줄 안다. 10 빼기 8은 2이므로 2라고 쓴다. 그 다음에서 많이 실수한다. 100의 자리인 0이 어떻게 되었는지 확인하지 않고 빼는 아이는 10 빼기 2만 생각하고 8이라고 쓴다. 천의 자리는 1이 되므로 답을 1822라고 쓴다.

또 0이 두 개나 연달아 나오기 때문에 어리둥절해 하는 아이도 있다. 9 빼기 7은 2, 0에서 8을 뺄 수 없으므로 천의 자리에서 10을 꿔서 10 빼기 8은 2, 100의 자리도 0에서 2를 뺄 수 없으므로 또 다시 천의 자리에서 10을 꿔 와서 2를 빼면 8이 되어, 결국 천의 자리는 없어지고 답은 822라고 쓴다.

이런 아이들에게는 앞서 이야기한 수모형을 사용해서 뺄셈을 잘 이해할 수 있게 설명해 준다.

2,009는 2,000과 9를 더한 수다. 100모형 20개와 나머지 1모형 9개다. 그림으로 나타내면 다음 쪽의 그림과 같다.

이 그림은 일의 자리에 작은 정사각형이 9개 있다. 10의 자리에도 100의 자리에도 정사각형은 없다. 천의 자리에는 작은 정사각형이 100개 모여 있는 큰 정사각형이 2줄로, 20개 있다. 그것은 작은 정육면체 2,000개와 같다.

자, 아이에게 이렇게 말하자. "9에서 7을 뺀 답을 아래에 써 봐" 아이는 금방 2라고 쓴다.

"이번에는 10의 자리 뺄셈이야. 빼려고 해도 아무것도 없네. 왜 없을

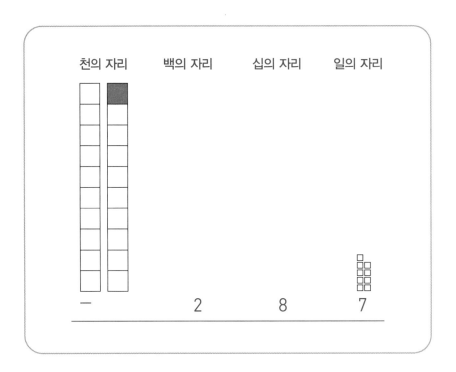

천의 자리   백의 자리   십의 자리   일의 자리

−   2   8   7

까? 그래, 2,009니까 그렇지? 10의 자리가 0이네?"

"자, 그러면 어떻게 할까? 100의 자리에서 꿔올까? 그런데 100의 자리도 0이네? 그럼 이제 어쩌지?"

"맞아, 천의 자리에서 꿔오면 되지?"

이렇게 말하고 실제로 1,000을 나타내는 긴 모형을 100의 자리로 옮긴다. 그리고 100을 나타내는 모형 10개로 나눈다. 그 그림은 다음 쪽 그림과 같다.

아직까지는 10의 자리에 모형이 없다. 그러므로 뺄셈은 할 수 없다.

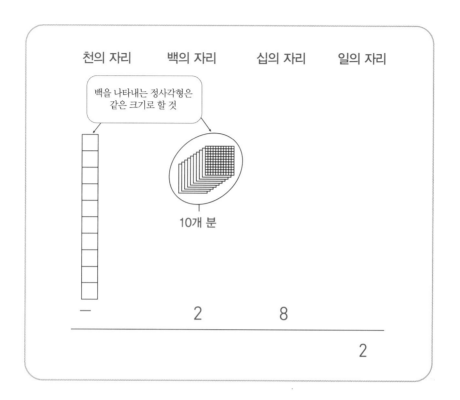

천의 자리　　　백의 자리　　　십의 자리　　　일의 자리

백을 나타내는 정사각형은
같은 크기로 할 것

10개 분

－　　　　　　　　2　　　　　　　8

　　　　　　　　　　　　　　　　　　　　　2

그래서 이번에는 100의 자리에 있는 10개 중에서 1개만 10의 자리로 보낸다. 그리고 세로로 10개가 되도록 자른다. 그러면 10칸짜리 막대 10개가 생긴다.

　이렇게 하면 비로소 뺄셈을 할 수 있다. 천의 자리에는 천을 나타내는 모형이 1장 남았다. 백의 자리에는 100을 나타내는 100모형이 9개 있다. 10의 자리에는 10을 나타내는 10모형이 10개 있다.

　이제 10의 자리에서 빼자. 10 빼기 8은 2다. 백의 자리는 9 빼기 2이

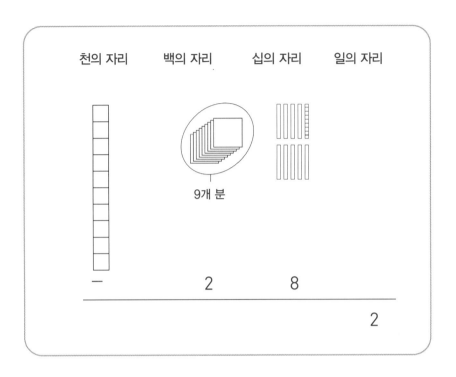

천의 자리	백의 자리	십의 자리	일의 자리
	9개 분		
−	2	8	
			2

므로 7이다. 천의 자리는 1 빼기 0이므로 1이다. 답은 1,722가 된다. 시
간도 많이 걸리고 번거롭지만 아이에게 모형으로 계산의 의미를 가르
친다. 기계적으로 "10을 꿔 와서 빼라"라고 말하면 아이는 뺄셈을 충분
히 이해하지 못하기 때문에 학년이 높아져도 계산을 할 때 종종 실수한
다. 공부란 완전히 이해하기 전에는 충분히 시간을 들여서 배워야 한
다. 그렇게 해야 비로소 셈하는 과정에서 의미를 발견하고, 제대로 터
득한다. 공부는 시간과 수고를 들인 만큼 실력을 쌓을 수 있다.

　뺄셈을 정확히 할 줄 알면 차차 네 자리 열 번 빼기나 다섯 자리 열 번 빼기를 시킨다. 3분 안에 정확히 계산할 수 있으면 이제 뺄셈은 졸업이다.

날마다 한 문제씩 풀면 역시 100일 만에 뺄셈은 완전히 정복할 수 있다. 서두르지 말고 차분히 풀어야 한다.

뺄셈이 약한 아이는
돈을 이용해서

뺄셈을 정확하게 계산하지 못하는 아이가 있다. 아무리 자세히 가르쳐도 좀처럼 이해하지 못한다. 또 수모형을 이용해도 가르칠 때뿐이고 돌아서면 잊어버린다. 하지만 이런 아이에게 돈을 사용해서 가르치면 의외로 쉽게 이해하고 계산도 정확하게 할 때가 있다.

네 자리 수 뺄셈을 가르칠 때는 천 원짜리 지폐와 100원, 10원, 1원짜

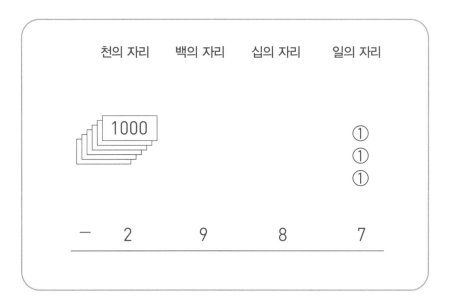

	천의 자리	백의 자리	십의 자리	일의 자리

리 동전을 준비한다. 6,003-2,987을 계산하는 방법을 가르칠 때는 천 원짜리 지폐 6장과 1원짜리 동전 3개를 책상 위에 놓는다. 책상 위에 색 테이프로 일, 십, 백, 천 자리를 만들고, 천의 자리에 천 원짜리 지폐 6장을 놓는다. 백과 십의 자리는 비워 두고 일의 자리에 1원짜리 동전을 3개 놓는다. 이런 식으로 뺄 수를 나타낸다.

　이와 같은 뺄셈은 천의 자리에서 빼기 시작해서 백, 십, 일의 자리로 옮겨가는 방법도 있다. 뺄셈을 어려워하는 아이 중에 이렇게 첫 자리부터 계산하는 아이도 있다. 이 방법을 두산법(頭算法)이라고 하는데, 자연스러운 방법으로 이해하기 쉽다. 그러나 종이에 써서 하는 계산(붓셈이라고 한다)을 빨리 하려면 일의 자리부터 답을 쓰는 미산법(尾算法)부

2장 · 빼기로 수학 재미 붙이기

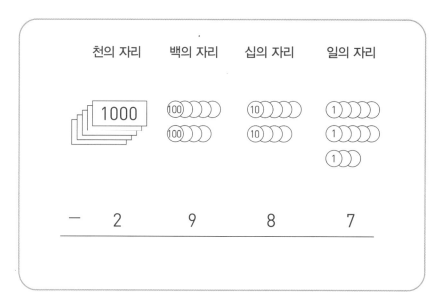

	천의 자리	백의 자리	십의 자리	일의 자리
−	2	9	8	7

터 확실히 해 두어야 한다.

수모형을 사용해서 계산하는 것과 같은 방법으로 풀어 가면 된다.

먼저, 일의 자리부터 계산한다.

3에서 7은 뺄 수 없다. 그래서 십의 자리에서 10을 꿔 오려고 해도 그 럴 수 없다. 또 백의 자리에서 꿔 올 수도 없다. 그래서 천 원짜리 지폐 를 헐어야 한다. 천 원을 100원짜리 동전 10개로 바꾼다.

그리고 100원짜리 동전 10개를 백의 자리에 놓는다. 그 중의 한 개만 10원으로 바꾼다.

10원짜리 동전 10개는 십의 자리에 놓는다. 그 중 하나만 1원짜리 동 전 10개로 바꾼다.

이 일련의 과정을 마치면 돈은 앞의 그림과 같이 될 것이다.

빼지는 수보다 빼는 수가 커서 그대로는 뺄 수 없는 경우에는 반드시 큰 돈을 헐어서 작은 돈으로 바꾸게 한다. 그러고 나서 다시 계산을 하면 아무리 뺄셈에 약한 아이라도 정답을 쓸 수 있다. 아무리 큰 수의 뺄셈이라도 돈을 바꾸는 순서만 틀리지 않으면 1학년도 쉽게 계산할 수 있다.

뺄셈이 서툰 아이를 이 돈 바꾸기 방법을 이용해 열 번에서 스무 번 정도 혼자서 생각하며 계산하게 하면 마침내 뺄셈의 구조나 순서를 확실히 깨닫게 된다. 하루에 20분씩, 7일만 계속 풀어보게 하면 뺄셈은 확실히 할 수 있게 된다.

네 자리 수의 뺄셈을 할 줄 알게 되면 다섯 자리 뺄셈도 금방 할 수 있다. 조금 당황해하면 만 원짜리 지폐를 사용하면 좋다.

돈을 응용한 계산 방법은 뺄셈을 잘 이해하지 못하는 아이에게 즉효약이다.

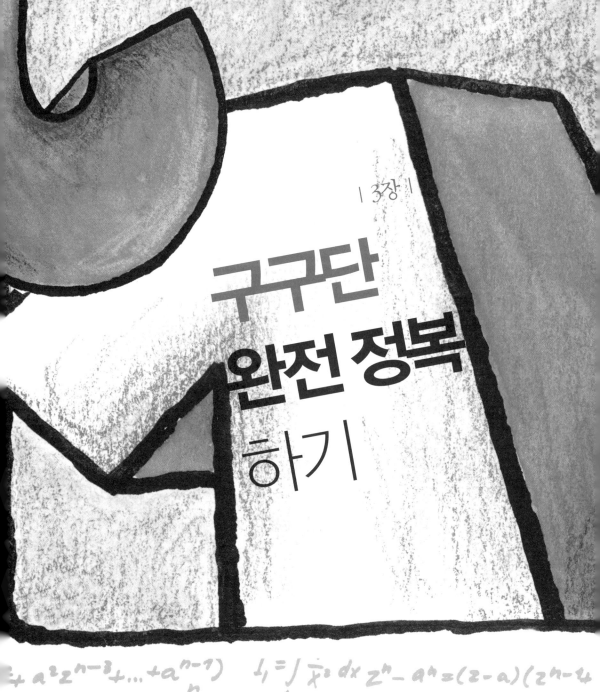

구구단
완전 정복
하기

$+ a_2 z^{n-3} + \ldots + a^{n-1})$ $d_1 = \int \frac{1}{x} dx$ $z^n - a^n = (z-a)(z^{n-4}$

$-a_1 z + \ldots + a_n z^n = \sum_{k=0}^{n} a_k z^k$ $(a_n \neq 0)$ $P_n(z) = a_0 + a_1 z$ $P_n(z$

$h) - \log_a x =$ $a = \psi(q \frac{1}{q!})$ $(\log_a x)' = \lim_{h \to 0} \frac{l}{}$

$\lim_{} \log_a \frac{(x+h)^{1/h}}{} = \lim \log_a \frac{}{} (1 + \frac{h}{})^{x/h}$ $\lim \frac{1}{} \log_a (1$

구구단은 2단부터

　　　　　　　　수학에서 구구단을 모르면 치명적이
다. 구구단은 2학년 1학기 말부터 배우는데, 대충 이해했다든지 거의
외운 정도로는 아무런 도움이 되지 못한다. 다시 말해 입에서 술술 나
올 정도로 충분하기 외우지 않으면 하나마나라는 뜻이다. 그렇게 되려
면 엄청난 연습을 해야 한다. 구구단을 어설프게 기억하거나 더듬더듬
외운다면 '반드시'라고 해도 좋을 만큼 계산에서 뒤처진다.

구구단은 2단부터 시작하는 것이 자연스럽다. 아이에게 두 개가 한 쌍을 이루는 것을 찾게 한다. 아이가 머뭇거리면 "자전거 바퀴가 그렇네. 자전거 1대라면 바퀴가 2개, 2대라면?" "4개." "3대라면?" "6개." 이런 식으로 하면 2단은 금방 이해한다. "2개가 한 쌍인 게 또 없을까?" "음…… 아, 눈동자요." "어머, 정말. 또 없을까?" 엄마가 이렇게 물어 보면 아이는 '손, 발, 귀, 눈썹, 콧구멍, 짐승의 뿔'이라며 수 없이 대답할 것이다. "또 있어요. 안경, 젓가락, 콘센트 구멍"처럼 기발한 대답도 나온다. 물어본 부모가 깜짝 놀랄 정도다.

흰 종이에 자전거를 대충 그리고, 아래와 같이 곱셈식과 읽는 법을 정성껏 쓰게 한다. 그리고 2단 식과 답이 정확한지 세어 보게 한다.

그림을 보면서 "지금 공원에 자전거가 다섯 대 있어. 바퀴는 모두 몇

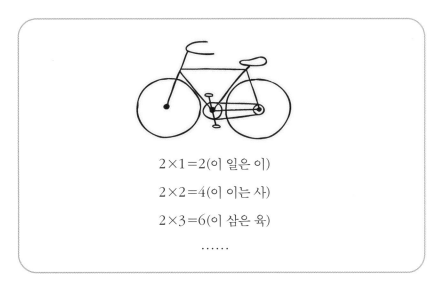

2×1=2(이 일은 이)
2×2=4(이 이는 사)
2×3=6(이 삼은 육)
……

개일까?"라고 물었을 때 금방 10개라고 대답하는 아이도 있다. 그 아이는 이미 곱셈의 의미를 깨달은 것이다. 하지만 전혀 대답하지 못하는 아이도 있다. 그럴 때는 그림을 그려서 자전거 1대면 바퀴가 2개, 2대면 바퀴가 4개, 3대면 6개, 4대면 8개, 5대면 바퀴가 10개라는 것을 그림을 보고 손가락으로 짚어 가면서 확인한다.

그리고 "3대라면 바퀴가 몇 개일까? 2대라면? 4대라면? 1대라면? 5대라면?" 이런 식으로 여러 번 가리키게 한다. 6대 이상은 조금 뒤에 한다. 5대까지의 바퀴 수는 금방 이야기할 수 있게 된다. 그리고 0대면 바퀴는 몇 개인지도 물어본다. "없다", "0"이라고 대답할 것이다. 그렇다면 2×0에서 2×5까지의 구구단 외우기에 들어간다.

둘째 날에는 2×6, 7, 8, 9를 가르친다. 위와 같은 방법으로 하면 아이는 금방 이해한다. 다음은 2단을 모두 외우게 하면 된다. 갑자기 한꺼번에 외우라고 하면 싫어하는 아이도 있다. 그럴 때는 부모와 아이가 번갈아서 외우는 등 궁리를 하면 재미있다.

부모가 "이 영은 0"이라고 하면 이번에는 아이가 "이 일은 2"라고 응수한다. 다음에 부모가 "이 이는 4", 아이가 "이 삼은 6"이라고 번갈아서 외우는 방법이다. 아이는 재미있어 한다.

아이가 저학년이라면 아직 혼자서 공부하기 어렵다. 그러므로 10분 정도로 아주 짧게 공부하는 것이 좋다. 부모가 옆에서 공부를 봐 주면 나중에 아이가 자립적으로 공부하는 데 실천적인 도움이 된다. 한 걸음에 자주적, 자립적으로 공부할 수 있는 것이 아니다.

처음 2단을 외울 때는 20초 안에 끝내면 된다. 아침, 점심, 저녁 식사 전에 2번씩 외우게 하면 3일 만에 술술 외우게 된다. 누구나 10초 전후로 외울 수 있다. 그 다음에는 가끔 "2×6은 얼마지?"라든지 "2×8은?" 하고 물어 본다. 1주일만 그렇게 하면 묻자마자 대답할 수 있게 된다.

2단을 술술 외우게 되면 5단으로 넘어간다. 누구나 2단의 답은 2, 4, 6, 8, 10, 12, 14, 16, 18, 20이라고 금방 말할 수 있듯 5단도 쉽게 답할 수 있다. 보통 아이라면 5, 10, 15, 20, 25, …… 50까지는 막힘없이 말할 수 있다. 단, "5×7은?" 하고 물으면 아직은 금방 대답하지 못한다. 2단과 마찬가지로 5단도 5개가 모여서 하나가 되는 것을 준비해서 곱셈의 의미와 답을 파악하게 한다.

아이에게 가장 친숙한 것은 손가락이다. 손가락은 다섯 개다. 손을 그려서 5단의 식과 읽는 방법을 도표로 만들게 한다. 시간은 걸리지만 그 과정에서 아이는 5단의 의미와 읽는 법을 기억한다. 다 그렸으면 큰 소리로 읽는다. 3일쯤 읽으면 다 외울 수 있다.

3단은 세발자전거를 그려서 식과 읽는 법을 가르친다.

2단과 3단, 5단을 외우면 각 단의 답에 주목한다. 2단은 2, 4, 6, 8, 10……이다. 아이는 답의 일의 자리가 2, 4, 6, 8, 0으로 반복한다는 점을 눈치챈다. 5단의 일의 자리는 5와 0이 반복된다고 금방 지적한다.

3의 경우는 이렇게 말해도 좋을 것이다.

"엄마는 2단과 5단의 비밀은 알고 있었어. 하지만 3단에도 비밀이 있다는 건 몰랐어. 배우고 난 뒤에 비로소 알았지. 답을 한 번 볼까? 3, 6,

	3단-세발자전거의 바퀴			5단-손가락	
0		0	0		0
1		3	1		5
2		6	2		10
3		9	3		15
4		12	4		20
⋮		⋮	⋮		⋮
⋮		⋮	⋮		⋮
⋮		⋮	⋮		⋮
⋮		⋮	⋮		⋮
⋮		⋮	⋮		⋮
9		27	9		45

9지. 그 다음은 12, 15, 18이야. 자, 12는 1과 2를 나란히 쓴 수야. 그 두 수를 한 번 더해 볼까? 1 +2는 3이지? 그 다음 15는 1과 5로 되어 있고 두 수를 더하면 6이 된단다. 18은 1과 8로 이루어졌고 두 수를 더하면 9가 되지. 계속해서 21은 2와 1이고 더하면 3이고, 24의 2와 4를 더하면 6이 되고, 27의 2와 7을 더하면 9, 30의 3과 0을 더하면 3……. 어때? 3단은 답은 3, 6, 9, 3, 6, 9, 3, 6, 9로 되어 있지? 이것을 발견하고 엄마는 깜짝 놀랐단다!"

아이는 수의 비밀(!?)을 듣고 틀림없이 눈을 반짝일 것이다. 이 비밀은 나중에 분수를 배울 때 약수를 찾는 열쇠가 된다. 단순히 구구단을 통째로 외우게 하는 것이 아니라 수가 지닌 신비함도 가르친다. 아이는 호기심이 많기 때문에 수학을 좋아하게 되는 계기가 될지 모른다. 2, 3, 5단의 관계를 알려 주려면 아래 식을 보여 준다.

이 표를 보면 어른은 극히 당연하다고 생각하겠지만 아이는 "와! 2단의 답과 3단의 답을 더했더니 모두 5단의 답이 되었네"라며 깜짝 놀랄 것이다. 수의 구조를 스스로 발견한 것이다.

곱하는 수	2단		3단		5단
0	0	+	0	=	0
1	2	+	3	=	5
2	4	+	6	=	10
3	6	+	9	=	15
4	8	+	12	=	20
5	10	+	15	=	25
6	12	+	18	=	30
7	14	+	21	=	35
8	16	+	24	=	40
9	18	+	27	=	45
10	20	+	30	=	50

문제를 **직접** 만들어 보면
문장제를 푸는 힘을
기를 수 있다

계산 연습과 함께 문장제도 조금 다
뤄 보자. 어려운 문제를 풀게 하는 것이 아니라 기본적인 문제를 올바
르게 풀 수 있게 해 주면 된다. 먼저 간단한 문장제부터 시작한다.

"자전거가 4대 있습니다. 바퀴는 모두 몇 개입니까?"

아이는 금방 "8"이라고 대답할 것이다.

"맞았어. 잘 하는구나. 그것을 식으로 써 보자"라고 말한다. 자전거 1

대당 바퀴 2개씩이니까 위와 같이 쓰게 한다.

$$2개 \times 4 = 8개 \quad | \quad 답 8개$$

"잘했어. 이번에는 심술쟁이 문제야. 함정에 빠지지 않게 조심해"라고 말하고 이런 문제를 낸다.

"어린 아이가 공원 모래밭에서 놀고 있습니다. 몇 명인지 세어 보니 6명이었습니다. 모두 세발자전거를 타고 왔어요. 자, 바퀴는 모두 몇 개일까요?"

한 번만 말해 주면 문제의 뜻을 이해하지 못할 것이다. 두세 번 천천히 이야기해 주자. 되물어 볼 때는 짜증내지 말고 차근차근 다시 말한다. "몇 번 말해야 알아듣겠니?"라고 야단치는 것은 금물이다. 모르기 때문에 되묻는 것이다. 아이는 기분 좋게 공부하고 있다. 기분을 망치면서까지 시킬 필요는 없다.

문제의 내용을 알면 풀 수 있다. 먼저 식을 쓰게 한다. 십중팔구 식을 잘못 세울 것이다. "어머, 걸려 들었어. 함정에 빠졌구나"라며 익살을 떤다. 아이는 의아해할 것이다. 아이는 틀림없이 다음 예 중에서 하나를 쓸 것이다.

$$6 \times 3 = 18 \quad | \quad 6명 \times 3 = 18개 \quad | \quad 6 \times 3개 = 18개$$

이처럼 모두 6을 앞에 쓰는 실수를 저지른다. 이 식을 말로 하면 6

명의 모둠이 3개 있다는 뜻이다. 그리고 답은 18명이 된다.

이 문제는 바퀴의 수는 모두 몇 개인지 묻는 문제다.

다시 말해 세발자전거의 바퀴는 3개다. 그런 세발자전거가 6대 있으면 바퀴는 모두 몇 개인지를 묻고 있다. 1대당 3개씩, 모두 6대가 있는 것이다. 자, 바퀴의 수를 모두 더한 값이 구하는 답이다.

결코 6×3이 아니다. 3개씩 6개 있으므로 식은 반드시 위와 같이 써야 한다.

$$3개 \times 6 = 18개 \quad | \quad 답 \ 18개$$

5학년 정도 되면 식에 단위를 쓰지 않아도 되지만 4학년까지는 반드시 식에 단위를 쓰게 한다. 곱셈식에서 단위는 곱해지는 수(초항)에 붙인다. 또 식을 쓰게 하면 문장제의 내용이나 질문의 의미를 올바르게 파악하고 있는지 그 자리에서 알 수 있다.

아이는 식 세우는 것을 어려워한다. 답은 올바르게 말해도 식을 세우라고 하면 대부분 싫어한다.

하지만 식을 세울 줄 모르는 한 언제나 문장제는 어렵고 자신 없는 부분으로 남는다.

문장제를 푸는 힘을 길러 주려면 아이 스스로 문제를 만들게 하는 것이 좋다. 예를 들어 5단을 이용한 문장제라면 "어묵을 6꼬치 샀습니다. 1꼬치에 어묵이 5개씩 꽂혀 있습니다. 어묵은 모두 몇 개입니까?"라고 보여 주면 아이는 올바른 식을 만들게 된다. 식을 6꼬치×5나 6×5개라고 하면 틀린다. 정답은 5×6, 30개다.

그리고 "저금통에 5원짜리 동전이 7개 있다. 모두 얼마일까?"라는 식으로 문제를 만들 수도 있다.

지금 배우고 있는 계산을 이용해서 문장제를 몇 개 만들어 보게 하면 사실이나 체험을 글로 표현하는 힘이 길러진다. 또 문장제에 나타난 장면이나 모습을 뚜렷이 그릴 줄 아는 힘도 생긴다. 다시 말해 이미지화하는 능력을 갖추게 되는 것이다.

아이가 문장제를 어려워하는 것은 겉으로 드러난 글의 의미는 파악하지만 글에 담긴 장면이나 의미는 이해하지 못하기 때문이다. 그런데

3장 · 구구단 완전 정복하기

스스로 문제를 만들어 보면 싫든 좋든 실제 장면을 상정해서 식을 만들어야 한다. 그 과정에서 문장제의 내용을 파악하는 실력이 형성되기도 한다.

일정 수준의 계산식을 사용한 문장제 만들기는 현재 본인의 학습능력 수준을 매우 정확하게 보여 준다. 저학년인 아이가 수준 높은 문제를 만들 수는 없다. 자기 스스로 풀 수 있는 범위 내에서만 문제를 만들 수 있다. 아이에게 문제를 만들게 함으로써 문장제를 푸는 힘은 눈에 띄게 향상된다.

쉬운 계산을 배우는 시기에 일상적으로 많은 문제를 만들어 보고, 식을 세우고 계산해서 답을 내는 공부를 하는 것은 아이가 문장제에 익숙해지고 문장제를 어려워하지 않게 하는 매우 효과적인 방법이다.

기억하기 어려운 구구단은 집중적으로

아이는 4, 6, 7, 8단을 어려워한다. 4단은 자동차 바퀴의 수로 외우게 하면 좋다. 그리고 답을 보면 2단의 꼭 2배이고, 1단과 3단의 합이라는 것도 가르쳐 주면 수의 구조를 좀 더 확실히 이해하게 된다. 앞으로 아이는 수의 구조에 대해서도 생각하게 된다.

6단은 곤충의 다리를 떠올리면 좋다. 6단의 답은 3단과 마찬가지로

3장 · 구구단 완전 정복하기

$$6 \times 0 = 0 \,(0) \qquad\qquad 6 \times 5 = 30 \,(3)$$
$$6 \times 1 = 6 \,(6) \qquad\qquad 6 \times 6 = 36 \,(9)$$
$$6 \times 2 = 12 \,(3) \qquad\qquad 6 \times 7 = 42 \,(6)$$
$$6 \times 3 = 18 \,(9) \qquad\qquad 6 \times 8 = 48 \,(12 \to 3)$$
$$6 \times 4 = 24 \,(6) \qquad\qquad 6 \times 9 = 54 \,(9)$$
$$\qquad\qquad\qquad\qquad\qquad 6 \times 10 = 60 \,(6)$$

일의 자리 수와 십의 자리 수를 더했을 때 역시 6, 3, 9가 순서대로 나온다.

0단도 확실히 가르쳐야 한다. 그렇지 않으면 상당히 많은 아이들이 0×8을 8이라고 대답한다. 사람에게는 배꼽이 하나 있다. 사람이 둘이면 배꼽의 수는 1×2로 2개다. 구구단의 1단은 배꼽의 수와 사람 수의 관계를 이용해서 가르칠 수 있다.

0단은 개구리의 배꼽 수로 이해시킨다.

"개구리는 배꼽이 있을까요?"라고 물으면 아이는 "없다", "0개"라고 대답한다.

"물고기나 개구리한테는 배꼽이 없어. 하지만 사람이나 개한테는 배꼽이 있지. 엄마 배에서 태어난 동물은 모두 배꼽이 있단다. 하지만 개구리나 물고기, 새는 배꼽이 없어."

"아, 알았다. 알에서 태어났으니까 배꼽이 없는 거구나."

이런 이야기를 나눈 뒤 0단을 가르친다. 개구리 0마리라면 개구리 배꼽은 0개, 개구리 1마리도 배꼽은 0개, 개구리가 2마리라도 배꼽은 0 개……. 이런 식으로 0단은 "영 영은 0, 영 일은 0, 영 이는 0, 영 삼은 0, …… 영 구는 0"이 된다.

7단이 가장 어렵다. 7개가 모여서 한 조를 이루는 물건은 쉽게 찾아 볼 수 없다. 칠성무당벌레정도가 있을까? 그 밖에 일주일 정도 생각난 다. 북두칠성이나 일곱 빛깔 무지개라고 해도 아무 때나 볼 수 있는 것 은 아니다. 실생활에서 "4주는 며칠입니까?"라고 할 때나 7단을 이용 한다.

일상적으로 7은 그다지 친숙하지 않은 수다. 그 때문에 7단은 가장 외우기 어렵고 반면 쉽게 잊어버린다. 7단을 끝냈다고 해도 나중에 시 켜보면 잘못 외우거나 깜빡 잊어버리는 일이 종종 있다.

그럴 때는 7을 5와 2로 나눠서 구하게 하자. 가령 7×6의 답이 확실 하지 않을 때는 5×6과 2×6의 합으로 생각하게 한다. 30＋12는 42가 된다. 기계적으로 달달 외우게만 하면 이런 식으로 사고하기 어렵다.

8단을 할 때는 문어 그림을 그려서 기억하면 재미있다.

"문어 다리는 몇 개?"

"8개."

"그렇지. 이 가게에 문어가 몇 마리 있을까?"

"0마리."

7단	8단	9단
0	0	0
7	8	9 (9)
14	16	18 (9)
21	24	27 (9)
28	32	36 (9)
35	40	45 (9)
42	48	54 (9)
49	56	63 (9)
56	64	72 (9)
63	72	81 (9)
70	80	90 (9)

"자, 이 가게에 문어 다리는 몇 개일까?"

"0개."

"그것을 구구단으로 말해 보자."

"팔 영은 0."

"문어가 1마리 있으면 다리는 몇 개? 구구단으로 말해 보자."

"팔 일은 8."

"두 마리 있으면?"

"팔 이 16."

이런 식으로 외우게 한다. 8단의 답은 0, 8, 16, 24, 32, 40, 48, 56,

64, 72다. 일의 자리만 보면 8, 6, 4, 2, 0으로 2단과 반대로 나온다. 7단의 일의 자리는 어떤가?

9단은 쉽다. 단, 9개가 모여서 한 조를 이루는 것은 좀처럼 없다. 아이가 알고 있는 것이라면 야구팀의 선수 정도다. 하지만 쉽게 기억할 수 있는 방법이 있다. 답의 일의 자리수와 십의 자리수를 더하면 모두 9가 된다. 누구나 눈치 챌 것이다.

날마다 10분씩 20일이면 구구단 완전 정복

구구단은 외우는 것만으로는 소용이 없다. 어느 단을 물어도 그 자리에서 대답할 수 있어야 쉽게 활용할 수 있다. 그러기 위해서는 수없이 많이 연습해야 한다. 연습을 할 때 100칸 계산을 활용하면 편리하다. 맨 위 칸과 맨 왼쪽 줄에 0부터 9까지의 수를 임의의 순서대로 써 넣기만 하면 준비 완료다.

처음에는 10분이나 20분쯤 걸린다. 하지만 날마다 100문제씩 연습하

:: 100문제 곱셈 연습 ::

×	7	3	8	4	9	5	0	1	6	2
7										
3										
8		24								
4										
9				36						
5										
0										
1										
6						30				
2										

면 10일 쯤 지나면 5분 만에 풀 수 있을 정도 발전한다.

만일, 여전히 더듬거린다면 어디에서 막히는지 알아 보자. 아이들이 가장 쉬워하는 단은 0, 1, 2, 5단이다. 3, 9단도 그다지 어려워하지 않는다. 4단도 4×6, 4×7에서 막히는 정도고, 나머지는 쉽게 외운다.

잘 틀리거나 답을 잊어버리는 것은 6, 7, 8단이다. 그러므로 6, 7, 8단을 철저하게 연습시켜야 한다. 답을 쓰기 전에 각 단을 10초 이내에 술술 외울 수 있는지 확인한다.

"육 영은 0, 육 일은 6, 육 이 12, 육 삼 18, …… 육 구 54, 육 십은 60"을 10초 이내에 말할 수 있을 때까지 연습한다. 하루 3번씩, 구구단

107

을 5분 내에 외울 수 있으면 된다. 그다지 빨리 대답하지 못해도 도중에 막히는 곳만 없으면 누구나 10초 안에 말할 수 있다. 또 그 속도로 답을 쓸 수 있다.

단, 절대로 재촉하거나 야단치면 안 된다. 몇 초 만에 올바르게 대답했는지 기록해 두고, 날마다 조금씩 빨라진 것을 기뻐한다. 늦는다든지 틀렸다는 이유로 외우는 시간을 연장하지 않는다. 그 날, 그 당시에 못 외워도 괜찮다. 내일도, 모래도 있다. 서두를 것 없다.

부모와 아이가 함께 구구단을 외워가는 과정을 즐기자. 이것은 의욕 넘치고 공부를 좋아하는 아이로 만들기 위해 가장 마음 써야 할 점이다.

100칸 곱셈을 사용해서 20일만 꾸준히 연습하면 4천 문제 정도 풀게 된다. 그쯤 되면 갑자기 푸는 시간이 짧아진다. 100문제를 5분 안에 풀 수 있게 된다. 이제 계산에 자신이 생긴 것이다. 머지않아 부모와 거의 같은 속도로 계산할 수 있게 될 것이다.

2만 문제를 풀면 어른 속도를 뛰어넘을 것이다. 2학년이라면 1만 문제로 충분하다. 계산 연습 시간은 하루에 15분이 한도다. 그 이상은 시간 낭비다. 그보다는 밖에 나가서 뛰어놀게 하자.

놀라운 손가락 구구단

　　　　　　　　6×8이라든지 7×8을 외우기 힘들어
하는 아이에게 비상수단으로 손가락 계산법을 가르쳐 보자. 지금도 프
랑스나 몽골의 농민들 사이에서 전해지는, 참 재미있는 방법이다.

　7×8일 때는 다음 쪽의 그림처럼 손가락을 편다.

　왼손을 편 상태에서 엄지부터 순서대로 접어서 7을 만든다. 5를 나타
낼 때는 주먹이 되고, 6은 새끼손가락을, 7은 새끼손가락과 약지손가락

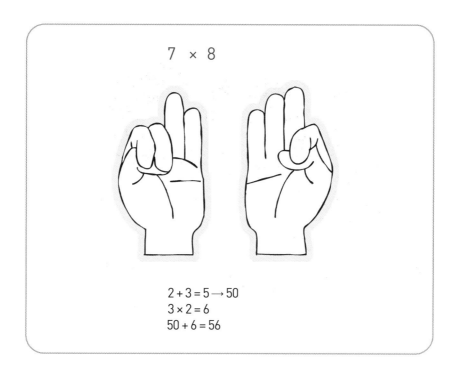

$$7 \times 8$$

$$2 + 3 = 5 \rightarrow 50$$
$$3 \times 2 = 6$$
$$50 + 6 = 56$$

을 펴서 만든다. 그러면 편 손가락이 2개, 꼽은 손가락이 3개가 된다.

8은 오른손으로 나타낸다. 손가락 펴기는 왼손과 같다. 그러면 편 손가락이 3개, 접은 손가락이 2개다.

먼저 편 손가락을 더한다. 2와 3을 더하면 5가 된다. 그것을 10배 한다. 그러면 50이 된다.

다음에 접은 손가락의 수끼리 곱한다. 3×2는 6이다.

아까 더한 50에 지금 곱한 수 6을 더한다. 완벽하게 56이 된다. 7×8은 56이다.

6×8도 해 보자.

펀 손가락끼리 더하면 4가 된다. 그것을 10배 하면 40이다. 접은 손가락은 4와 2다. 두 수를 곱하면 4×2는 8이 된다. 40+8은 48이다.

6, 7, 8, 9단을 외울 때 답이 헷갈리거나 답에 자신이 없을 때 검산하는 방법으로 매우 손쉬운 방법이다.

구구단을 어려워하는 아이에게 이 손가락 계산법을 가르치면 구구단을 즐겁게 공부를 할 수 있다.

"엄마, 이런 방법도 있어요? 이거라면 절대로 틀리지 않겠어요"라며 부모를 다시 볼 것이다.

"잘 됐구나. 이렇게 하면 100점이 맞을 수 있지? 이거 조금 있으면 엄마를 따라 잡겠는걸."

이렇게 아이를 격려 해주자. 야단이나 트집은 아이의 의욕만 꺾을 뿐이다.

자리 수가 큰 곱셈도
익숙해진다

기본 곱셈으로 구구단을 완벽하게 외우면 어떤 곱셈도 쉽게 할 수 있다. 자리 수가 큰 곱셈은 계산 구조만 이해하면 나머지는 덧셈의 연속이므로 매우 쉽다.

먼저 두 자리 수×한 자리 수부터 계산하자. 수모형을 이용하면 계산의 의미를 금방 이해한다. 36×9의 경우는 다음의 그림과 같이 된다. 보통의 아이라면 금방 이해한다.

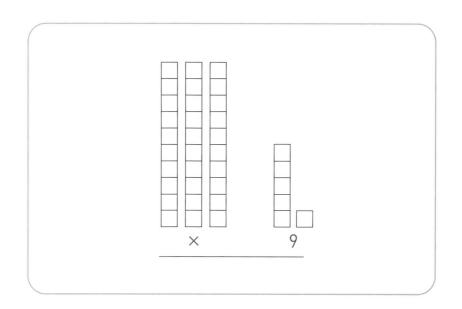

    6×9는 54다. 30×9는 270이다. 더하면 324가 된다. 수모형을 사용하지 않고 숫자로만 계산할 때는 곱하는 수인 9부터 위의 수로 곱하게 한다. 위에서 아래로 곱하는 버릇이 생기면 자리 수가 큰 곱셈을 할 때 실수를 많이 한다. 그래서 처음부터 정확히 아랫수부터 윗수로 곱하라고 가르친다.

    9×6이므로 54가 된다. 그것을 9 바로 아래에 써 넣는다. 십의 자리에는 10을 나타내는 세로로 긴 수모형이 3개 있다. 그러므로 3×9라고 실수하기 쉬운데 반대로 9×3이라고 소리 내어 읽게 한다. 27이 되지만 그것은 10이 27개 있다는 뜻이다. 그러므로 270이다.

    54와 270을 더하면 324가 된다. 이것이 답이다. 이어서 10문제 정도

115

```
      36
  ×    9
      54
  +270
     324
```

비슷한 곱셈 문제를 연습한다(다음 쪽).

연습을 많이 하기 위해서는 100칸 계산법으로 문제를 낸다(다음 쪽). 제일 왼쪽 줄에는 0에서 9까지의 수를 마음대로 써 넣는다. 제일 윗줄에도 왼쪽 줄과 같은 순서대로 일의 자리를 써 넣는다. 십의 자리는 그와는 별도로 1에서 9까지의 수 중에서 좋아하는 순서대로 써 넣는다. 하나가 남는데, 거기에는 6, 7, 8, 9 중에서 어느 하나를 써 넣는다.

이 100칸 곱셈은 다른 종이에 문제를 베껴서 풀게 해야 확실하다. 많이 시키지 않아도 된다. 시간을 다툴 필요도 없다. 목적은 정확하게 푸는 것이다. 100문제쯤 풀면 아이는 받아올린 수를 쉽게 기억하게 된다. 그러면 다음처럼 일반적인 계산처리 방법으로 나아간다.

9×6은 54다. 이때 일의 자리인 4만 써 주고 십의 자리로 올리는 수 5는 십의 자리 위에 작게 쓴다. 다음에 9×3으로 나온 답 27과 5를 더한 32를 백의 자리, 십의 자리 아래 써 준다. 답은 324이다. 익숙해지면 일일이 올리는 수를 적지 말고 암산으로 더한다. 그렇지 않으면 계속 숫자를 적는 버릇이 들어 버린다. 나중에 큰 수끼리의 곱할 때는 어떤 수

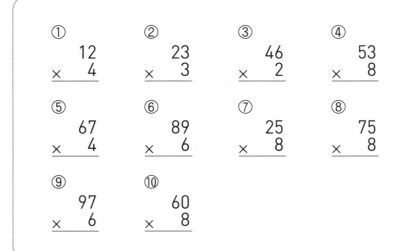

①	②	③	④
12 × 4	23 × 3	46 × 2	53 × 8

⑤	⑥	⑦	⑧
67 × 4	89 × 6	25 × 8	75 × 8

⑨	⑩
97 × 6	60 × 8

:: 곱셈 100문제 연습 ::

×	82	65	38	60	24	59	41	97	73	16
2										
5										
8										
0										
4				240						
9										
1										
7									511	
3										
6										

117

$$
\begin{array}{r}
\overset{5}{} \\
3\,6 \\
\times\quad 9 \\
\hline
3\,2\,4
\end{array}
$$

를 곱한 결괴인지 알 수 없을 만큼 많은 숫자를 쓰게 되어 계산이 뒤죽박죽이 된다.

올리는 숫자를 암산으로 더할 수 있게 되면 두 자리 수×한 자리 수는 바로 계산할 수 있게 된다. 기본 덧셈과 기본 곱셈을 착실히 연습한 아이는 진도도 매우 빠르다. 이제 100칸 곱셈에 바로 답만 쓰게 한다. 틀림없이 10분 이내에 100문제를 모두 풀 수 있을 것이다. 만일 그렇지 못하다면 기본 덧셈이나 구구단 연습에서 실수가 있었던 것이다. 빠른 아이라면 5분 이내에 다 푼다. 그렇게까지 못하더라도 10분 이내에는 100문제 모두 풀 수 있어야 한다.

두 자리 수×한 자리 수를 빨리 풀 줄 알게 되면 세 자리 수×한 자리 수로 넘어간다. 역시 계산 구조는 수모형을 사용해서 이해시킨다.

348×7의 경우는 다음 그림과 같이 된다.

올리는 수는 이미 암산으로 더할 수 있게 되었으므로 일일이 적지 않는다. 모두 암산으로 한다.

계산은 반드시 아래에서 위로 곱한다. "칠 팔 56, 6을 쓰고 5 올라간다. 칠 사 28, 28이랑 아까 올라온 5를 더해서 33이 되므로 3을 쓰고,

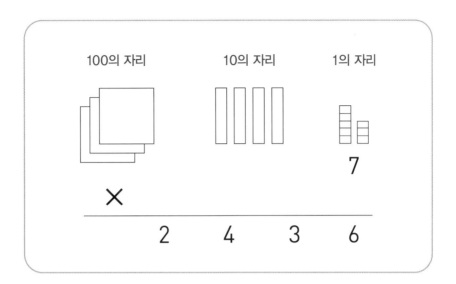

100의 자리	10의 자리	1의 자리

7

×

―――――――――――――――

2   4   3   6

다시 3이 올라간다. 칠 삼 21, 21과 아까 올라온 3을 더하면 24가 되므로 답은 2,438"이라는 식으로 계산 과정을 소리를 내어 말하게 한다. 입 다물고 문제를 푸는 것은 막힘없이 풀게 된 뒤의 일이다. 그때까지는 정확한 목소리로 계산 순서를 따라서 말한다. 그러면 옆에서 들어도 어디에서 실수하는지 금방 알 수 있다.

세 자리 수×한 자리 수를 잘 풀게 되면 바로 네 자리 수×한 자리수로 들어간다. 100칸 계산은 하지 않아도 된다. 세 자리 수 곱셈을 하게 되면 곱셈 순서는 이제 거의 완전히 기억한다. 그러므로 네 자리 수도 쉽게 풀 수 있다.

다음은 다섯 자리 수×한 자리 수, 여섯 자리 수×한 자리 수로 순차적으로 자리 수를 늘려 가다가 마지막에는 아홉 자리 수×한 자리 수를

119

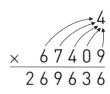

정확히 풀 수 있는지 확인하면 된다.

이번에는 한 자리 수×두 자리 수, 한 자리 수×세 자리 수, 한 자리 수×네 자리 수, …… 한 자리 수×아홉 자리 수로 계산한다. 재촉하면 안 된다. 정확하게 풀었다면 합격이다. 반드시 아랫수에서 윗수로 곱해 간다.

한 자리 수×다섯 자리 수라면 이렇게 말하게 한다(위).

"구 사 36, 6 쓰고 3 올라간다. 영 사는 0, 0과 3을 더하면 3. 3을 쓰고, 사 사 16, 6을 쓰고 1 올라간다. 칠 사 28, 28과 1을 더하면 29, 9를 쓰고 2 올라간다. 육 사 24, 24와 2를 더하면 26, 6을 쓰고 2를 쓴다."

이렇게 소리 내어 말한다.

아이가 귀찮아해도 자신의 계산 순서가 올바른지를 스스로 듣게 한다. 너무 많이 연습하지 않아도 된다. 각각 3문제씩 푸는 정도면 충분하다.

많은 자리 수×한 자리 수, 한 자리 수×많은 자리 수를 각각 아홉 자리까지 10문제씩 풀면 이제 아무리 큰 수의 곱셈도 자신 있다.

:: 큰 수끼리의 곱셈 연습 ::

① 두 자리 수×두 자리 수
② 세 자리 수×두 자리 수
③ 네 자리 수×두 자리 수
④ 두 자리 수×세 자리 수
⑤ 세 자리 수×세 자리 수
⑥ 네 자리 수×세 자리 수
⑦ 두 자리 수×네 자리 수
⑧ 세 자리 수×네 자리 수
⑨ 네 자리 수×네 자리 수

큰 수×큰 수의 연습은 당연한 말이지만 두 자리 수×한 자리 수부터 시작한다.

큰 수끼리의 곱셈 연습은 다음과 같은 순서로, 각각 다섯 문제씩 풀면 된다. 최종적으로는 네 자리 수×네 자리 수, 한 문제를 2분대에 계산할 수 있으면 멋지게 합격이다.

알기 쉬운 나눗셈과 분수의 원리

나눗셈 연습을
집중적으로

　　　　　　　　계산이　얼마나　정확한지　알아보려
면 나눗셈을 시켜 보면 된다. 큰 수의 나눗셈은 덧셈, 곱셈, 뺄셈 모두
제대로 해야 올바른 답을 구할 수 있다. 나눗셈은 종합적인 계산력이
없으면 풀지 못한다. 하나라도 부족하면 나눗셈은 귀찮고 번거로운 계
산이 되어 버린다.

　　덧셈, 뺄셈, 곱셈 각각에 기본 계산이 있듯 나눗셈에도 기본 계산이

있다. 문제는 모두 450문제다. 이 문제를 확실히 풀지 않는 한 나눗셈은 힘들고 어려운 계산으로 남는다.

지금까지 정수의 사칙연산은 초등학교 4학년에 끝났다. 요즘은 초등학교에서 네 자리 수의 덧셈, 뺄셈, 곱셈, 나눗셈을 가르치지 않는다. 그 때문에 이제 아이들은 다섯 자리 수÷세 자리 수의 계산은 전혀 하지 못한다. 한 자리 수×두 자리 수 이상의 계산은 우물쭈물하고, 네 자리 수끼리의 뺄셈도 확실히 모른다. 과장해서 말하면 기본 덧셈, 뺄셈, 곱셈, 나눗셈을 제대로 배우지 못한 많은 서민 자녀는 특히 학습능력에서 엄청난 타격을 받고 있다. 부모는 할 줄 아는데 아이는 못한다니, 큰 충격이다. 아이들은 이제 전자계산기로만 계산할 줄 안다. 그래서 수학 실력이 엉망이다. 그래서 학원에 간다. 하지만 눈에 띄게 좋아지지는 않는다. 변함없이 충격적인 성적을 받아 온다.

그것은 계산의 기본은 등한시한 채 학년만 올라갔기 때문이다. 수학의 핵심인 계산이 늦고, 게다가 잘하지 못하는 아이가 수학을 잘할 리 없다. 이런 아이는 **다시 한 번 1학년 과정부터 확실히 공부해야 한다.** 석 달은 걸린다. 다른 특효약은 없다.

기본 나눗셈은 세 가지 유형으로 나눌 수 있다.

먼저 A형은 다음과 같은 식이며, 90문제다. 몇 초에 답할 수 있는지 시간을 재 보자.

모두 금방 풀 수 있을 것이다. 10문제 푸는 데 10초 정도 걸린다. 모두 쉬운 문제로, 구구단을 뒤집어서 생각하면 된다. 이런 유형의 나눗셈은 모두 90문제다.

이번에는 B형이다. A형보다 조금 어렵다. 이것도 마찬가지로 몇 초에 풀 수 있는지 시간을 재 본다. 모두 나머지가 있는 문제이므로 틀리지 않게 조심한다.

B형 문제는 상당히 시간이 많이 걸린다. 아마 20~30초는 걸릴 것이다. 나머지가 있는 B형 나눗셈은 모두 260문제다. 하지만 그렇게 어렵

:: C 유형 ::

$33 \div 7 =$ □···□ $25 \div 9 =$ □···□ $41 \div 6 =$ □···□

$62 \div 8 =$ □···□ $54 \div 7 =$ □···□ $42 \div 9 =$ □···□

$61 \div 7 =$ □···□ $23 \div 9 =$ □···□ $50 \div 8$ □···□

$34 \div 9 =$ □···□

지는 않다. 구구단을 알고 66 빼기 63을 재빨리 암산으로 구할 수 있는 아이라면 쉽게 풀 수 있다.

제일 어려운 문제는 받아내림이 있고 나머지가 있는 나눗셈이다. C형이다. 시계를 보고 10문제를 몇 초에 풀 수 있는지 재 보자. 다음의 10문제를 30초에 풀 수 있다면 대단한 실력이다. **4학년 중에서 빠른 아이**는 10초 정도에 풀 수 있고, 보통 어른도 40초 가까이 걸린다. 계산이 약한 아이라면 1분쯤 걸린다. 개중에는 2분이 지나도 다 못 푸는 아이가 있다. 이런 아이는 구구단도, 기본 뺄셈도 거의 연습하지 않은 아이다. 이런 식으로 가다가는 나중에 분수의 사칙연산이나 중학교에서 배우는 방정식도 거의 풀지 못하게 된다.

비참해지지 않도록 착실히 연습시키자.

이 C형 나눗셈은 딱 **100문제**다. 가장 어려운 난이도의 기본 나눗셈이 묘하게도 100가지라는 사실을 알고 교재로 만든 사람은 10여 년 전

4장 · 알기 쉬운 나눗셈과 분수의 원리

10÷3=	15÷8=	26÷9=	41÷7=	53÷9=
10÷4=	15÷9=	30÷4=	41÷9=	54÷7=
10÷6=	16÷9=	30÷7=	42÷9=	54÷8=
10÷7=	17÷9=	30÷8=	43÷9=	55÷7=
10÷8=	20÷3=	30÷9=	44÷9=	55÷8=
10÷9=	20÷6=	31÷4=	50÷6=	60÷7=
11÷3=	20÷7=	31÷7=	50÷7=	60÷8=
11÷4=	20÷8=	31÷8=	50÷8=	60÷9=
11÷6=	20÷9=	31÷9=	50÷9=	61÷7=
11÷7=	21÷6=	32÷7=	51÷6=	61÷8=
11÷8=	21÷8=	32÷9=	51÷7=	61÷9=
11÷9=	21÷9=	33÷7=	51÷8=	62÷7=
12÷7=	22÷6=	33÷9=	51÷9=	62÷8=
12÷8=	22÷8=	34÷7=	52÷6=	62÷9=
12÷9=	22÷9=	34÷9=	52÷7=	63÷8=
13÷7=	23÷6=	35÷9=	52÷8=	70÷8=
13÷8=	23÷8=	40÷6=	52÷9=	70÷9=
13÷9=	23÷9=	40÷7=	53÷6=	71÷8=
14÷8=	24÷9=	40÷9=	53÷7=	71÷9=
14÷9=	25÷9=	41÷6=	53÷8=	80÷9=

까지 니시노미야 시의 초등학교 선생님이었던 미키 순이치다. 노벨상에 견줄 만한 대단한 발견이다. 이 C형 문제를 혼자 푸는 아이는 가끔 신음소리를 낼 것이다. 이것을 술술 풀지 못하면 계산을 싫어하는 아이가 된다. 귀찮고 하기 싫고, 짜증나고 게다가 틀렸는지 맞았는지조차 모른 채 써 내려가기 때문에 '하기 싫다'라며 문제를 내던지는 아이조차 생긴다.

A형은 구구단을 뒤집은 것이기 때문에 아주 간단하다. B형은 나머지가 있는 나눗셈이지만 받아내림이 없기 때문에 금방 계산할 수 있다. 그런데 C형은 나머지를 구하기 위해 암산으로 받아내림 계산을, 그것도 순식간에 해야 한다. 그 때문에 시간이 많이 걸리고 귀찮다. 여기에 준비한 100문제를 끈기 있게 모두 풀게 한다. 틀림없이 두뇌 체조도 될 것이다. 어른도 5분 정도에 다 풀었다면 박수 받을 만하다.

고등학생이면서도 계산을 못하는 학생은 왼쪽 표의 나눗셈을 아예 풀지 못한다. 순서를 바꿔서 날마다 100문제, 200문제씩 석 달만 꾸준히 연습시키면 대개의 아이는 부모보다 빨리 풀 수 있다. 4학년생이라도 빠른 아이는 1분 40초 정도면 가능한데 그렇게 빨리 계산할 필요는 없다. 4분 안에 계산할 수 있으면 된다.

계산이 약하고 서툰 아이가 수학의 벽을 깰 수 있느냐는 기본 덧셈, 기본 뺄셈, 기본 곱셈, 그리고 이 기본 나눗셈 C형을 풀 수 있느냐에 달렸다. 이 네 가지 기본 계산을 재빨리 자동적으로 답할 수 있으면 어떤 계산도 쉽게 풀 수 있다. 그것은 분수나 소수 계산도 신속하고 정확하

게 할 수 있는 탄탄한 기초가 쌓였다는 뜻이다. 이 네 벽을 뛰어넘은 아이에게 수학은 결코 어려운 과목이 아니다. 오히려 수학은 생각하는 법, 문제 해결 방법은 많지만 답은 하나인, 아주 단순해서 쉽게 점수를 딸 수 있는 과목이다.

뭐니 뭐니 해도 수학의 핵심은 계산력이다. 계산의 의미를 충분히 이해하고, 동시에 수없이 많은 계산 연습으로 이해를 넘어 습관이 되고 습관을 통해 숙달되도록 실력을 쌓아 가야 한다. 습관이 붙도록 효율적인 도움을 주기 위해 '학습능력의 기초 발달을 통한 실력 배양 연구회'에서는 다음과 같은 실천과 연구를 진행한다.

아이는 문제를 신속 정확하게 풀 수 있게 되면 공부를 힘들어하지 않는다. 오히려 공부를 좋아하게 된다. 4학년생이 날마다 10~15분 정도 기본계산 연습을 거듭하면 학습능력은 눈부시게 향상된다. 이런 계산 연습은 학습능력을 키우는 원동력이기도 하다. 100일만 계속하면 정확하고 빠르게 풀 수 있게 된다. 그리고 평생 계산 때문에 곤란을 겪는 일은 없어진다. 그러다 보면 부모의 계산 속도를 따라잡게 되고, 그 순간 아이의 표정은 기쁨으로 가득 찬다. 그날부터 아이는 부모에게 대들지 않고 정말로 솔직하고 멋진 아이로 변한다. 부모에게 이것처럼 기쁜 일이 또 있을까? 공부를 좋아하는 아이, 밝은 아이, 침착한 아이. 학습능력의 신장은 인격 발달을 선도한다.

엘리베이터 계산법으로 곱셈과 나눗셈 연습

아무리 큰 수의 곱셈이라도 구조와 순서를 알면 쉽게 풀 수 있다. 큰 수의 나눗셈도 마찬가지다. 하지만 자동으로 풀 수 있으려면 먼저 기본 나눗셈에 숙달되어야 하고 큰 수÷한 자리 수를 쉽게 구할 수 있어야 한다. 그러기 위한 간편한 계산 연습법이 바로 엘리베이터 계산이다.

엘리베이터 계산이란 임의의 두 자리 수에 차례대로 2, 3, 4, …… 9

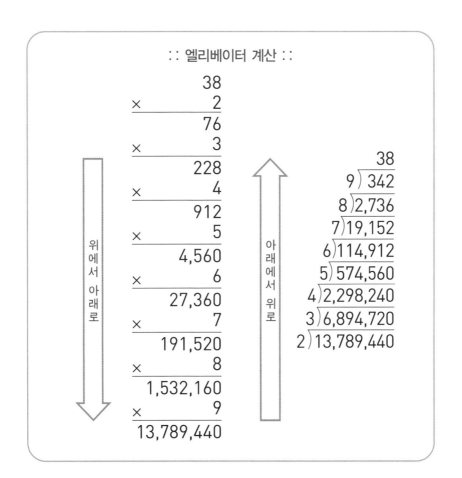

:: 엘리베이터 계산 ::

를 곱하고, 다시 2부터 9까지 차례대로 나누는 방법이다. 도중의 연산 과정에서 잘못이 없다면 마지막 답은 원래의 두 자리가 된다. 일일이 검산하지 않아도 맞았는지 금방 알 수 있다.

엘리베이터 계산은 처음에는 잘 틀리고 속도도 떨어지지만 기본 계산을 착실히 한 아이라면 1문제에 4분으로 가볍게 끝낼 수 있다. 단, 빨

133

리 하라고 재촉해서는 안 된다. 조급해하면 오히려 틀리기 쉽다. 실제로 엘리베이터 계산은 앞 쪽과 같이 한다. 내려가면서 곱하기, 올라가면서 나누기다. 임의의 두 자리 수를 쓰고, 계속 곱해 간다. 9까지 곱했으면 나눗셈도 마찬가지로 2부터 순서대로 나눈다. 마지막은 원래의 38이 된다.

두 자리의 수는 10에서 99까지 모두 90개인데, 모두 연습할 필요는 없다. 20문제만 풀어 보면 쉽게 엘리베이터 계산을 할 수 있다. 그 때 처음에 정한 수와 9까지 곱했을 때의 답을 몇 개 들어둔다.

원래의 수	9까지 곱한 수	원래의 수	9까지 곱한 수
11	3,991,680	14	5,080,320
16	5,806,080	28	10,160,640
25	9,072,000	33	11,975,040
38	13,789,440	49	17,781,120
47	17,055,360	50	18,144,000
56	20,321,280	67	24,312,960
69	25,038,720	78	28,304,640
75	27,216,000	89	32,296,320
82	29,756,160	95	34,473,600
93	33,747,840	97	35,199,360

나눗셈을 푸는 열쇠

큰 수의 나눗셈은 누구나 싫어한다. 게다가 요즘은 전자계산기가 보급되어 있기 때문에 귀찮은 나눗셈은 할 필요가 없다든지, 사람이 살면서 여섯 자리÷세 자리 같은 계산은 할 일이 거의 없다든지, 쓸데없는 시간 낭비 같은 나눗셈은 연습하지 않아도 된다는 의견도 많다.

하지만 전자계산기가 늘 완벽한 것은 아니다. 전지가 닳으면 쓸모없

4장 · 알기 쉬운 나눗셈과 분수의 원리

는 물건으로 전락한다. 또 평소에는 자주 하지 않더라도 상거래시 간혹 어림짐작만으로는 대처할 수 없는 정확한 계산력이 요구되는 일이 생기기도 한다.

게다가 큰 수의 나눗셈은 초등학교에 입학한 이래 4년 동안 배운 사칙연산의 집대성이며 총결산이라는 성격을 지녔다. 아이의 종합적인 계산력은 큰 수의 나눗셈으로 시험받고 완성된다. 그리고 계산하는 과정에서 뇌는 최대로 활성화된다. 이른바 머리를 좋아지게 하는 작용 그 자체인 것이다.

큰 수의 나눗셈은 먼저 두 자리 수÷두 자리 수부터 시작한다.

나눗셈을 할 때는 반드시 나누는 순서대로 소리 내어 말하게 한다.

"60 안에 10이 6번 들어가니까 6이라고 쓰고"→"육 영은 0, 육 일은 6"→"0 빼기 0은 0, 6 빼기 6은 영"→"그러니까 답은 6"이라고 확실히 말하게 한다.

계산을 제대로 했을 때는 "잘했다"라고 칭찬해 준다.

$$10\overline{)60} \;\rightarrow\; 10\overline{)\overset{6}{60}} \;\rightarrow\; 10\overline{)\overset{6}{60}} \atop 60 \;\rightarrow\; 10\overline{)\overset{6}{60}} \atop \underline{60} \atop 0$$

$$
\begin{array}{r}
5 \\
11\overline{)60}
\end{array}
\quad\rightarrow\quad
\begin{array}{r}
5 \\
11\overline{)60} \\
55
\end{array}
\quad\rightarrow\quad
\begin{array}{r}
5 \\
11\overline{)60} \\
\underline{55} \\
5
\end{array}
$$

이번에는 60÷11을 해 보자. 마찬가지로 소리 내어 말하게 한다.

"60 안에 11이 6번 들어가고, 육 일은 6, 육 일은 6, 아, 너무 많네. 그러면 5로 해 보자. 오 일은 5, 오 일은 5."

"0에서 5를 뺄 수 없으니까 10을 꿔 오자. 10 빼기 5는 5, 6은 하나 꿔 줬으니까 5가 되었지. 5 빼기 5는 0. 그러니까 쓰지 않아도 되지."

"답은 5, 나머지 5가 된다."

처음 나눗셈을 할 때는 나누는 순서대로 말로 따라하게 하고, 잘 풀게 되면 손으로만 풀어도 된다.

그리고 나눗셈의 순서는 모두 '몫을 쓰고', '몫과 나누는 수를 곱하고', '빼고', '내린다'의 반복이라는 것을 확인시킨다. 두 자리 수÷두 자리 수에서는 '내린다'는 과정은 없지만 나뉘는 수의 자리 수가 커지거나, 소수점 이하까지 답을 구해야 할 때는 '내린다'는 과정을 거친다.

두 자리 수÷두 자리 수는 매우 간단하다. 금방 할 수 있다. 이어서 세 자리 수÷두 자리 수를 계산해 보자. 이때 '몫을 쓴다', '곱한다', '뺀다', '내린다'의 과정을 이해시킨다. 그렇게 많은 문제를 풀 필요는

4장 · 알기 쉬운 나눗셈과 분수의 원리

: : 세 자리 수÷두 자리 수 10문제 : :

① 689÷53   ② 728÷28

③ 805÷23   ④ 985÷34

⑤ 700÷25   ⑥ 135÷45

⑦ 246÷82   ⑧ 305÷61

⑨ 456÷76   ⑩ 564÷94

없다. 10문제 정도면 충분하다. 역시 빼는 과정을 소리 내서 읊는다.

나눗셈의 순서를 확실히 이해시키기 위해서는 앞쪽의 ①~⑤ 문제가 적당하다. 역시 문제를 풀 때 입으로 따라하면서 풀린다.

문제 ①을 보자. "6 안에는 53이 들어갈 수 없다. 그러니까 68 안에 들어가야 한다. 68 안에는 53이 한 번 들어간다." "일 삼은 3, 일 오는 5." "8 빼기 3은 5, 6 빼기 5는 일." "9가 내려오고." "159 안에 53은 4번 들어가나? 아니 세 번 들어간다. 3을 써 주고." "삼 삼은 9. 9를 쓰고, 삼 오 15." "빼면 0." "답은 13." 듣기에는 조금 답답하겠지만 확실한 목소리로 말하게 한다. 그것은 어떤 순서로 몫을 쓰는지, 곱하는지, 빼는지, 내리는지 하나하나 의식시키기 위해서다. 10문제 푸는 동안 나누는 순서가 완전히 몸에 밴다.

아이가 문제를 잘 푼다고 큰 수의 나눗셈을 많이 시키면 안 된다. 당장

몫을 쓴다

$$53\overline{)689} \rightarrow 53\overline{)\overset{1}{689}} \rightarrow 53\overline{)\overset{1}{689}}\ \underline{53}\ \text{곱한다} \rightarrow 53\overline{)\overset{1}{689}}\ \underline{53}\ \text{뺀다}\ 15$$

몫을 쓴다

$$53\overline{)\overset{1}{689}}\ \underline{53}\ \text{내린다}\ 159 \rightarrow 53\overline{)\overset{13}{689}}\ \underline{53}\ 159 \rightarrow 53\overline{)\overset{13}{689}}\ \underline{53}\ 159\ \underline{159}\ \text{곱한다} \rightarrow 53\overline{)\overset{13}{689}}\ \underline{53}\ 159\ \underline{159}\ \text{뺀다}\ 0$$

은 풀더라도 다음날이 되면 풀기 싫어한다. 집에서 공부할 때는 알아가는 즐거움, 할 수 있는 자신감을 조금씩 맛보게 함으로써 차츰 공부를 좋아하게 하는 데 있다.

아이가 '여기까지 할 수 있게 되었다. 기분 좋다', '좀 더 하고 싶다'라는 생각이 들 때 과감하게 멈춘다. 부모에게 미련이 남아서, 아니면 이때가 아니면 안 된다고 자꾸 시키면 아이는 오히려 공부를 싫어하게 된다. 아이는 아직 어리다. 욕심 부리지 말자.

⑥∼⑧의 문제는 '내려오는' 과정은 없는 반면 한 번에 답을 내야 한다. 그 때문에 답은 아마 이럴 것이라고 예상하고 비로소 '몫을 써야'

139

4장 · 알기 쉬운 나눗셈과 분수의 원리

몫을 쓴다

$$76\overline{)456} \;\rightarrow\; 76\overset{5}{\overline{)456}} \;\rightarrow\; 76\overset{5}{\overline{)456}}$$
$$\underline{380}\;\; 곱한다$$

몫을 쓴다

$$\rightarrow\; 76\overset{6}{\overline{)456}} \;\rightarrow\; 76\overset{6}{\overline{)456}} \;\rightarrow\; 76\overset{6}{\overline{)456}}$$
$$\underline{456}\;\;곱한다 \quad\quad \underline{456}\;\;뺀다$$
$$0$$

한다. 이것은 나눗셈을 막 배우기 시작한 아이에게는 매우 어려운 사고 작업이다. ⑨의 경우를 예로 들어 보자.

갑자기 몫을 짐작해서 쓰는 것이 어려울 때는 일단 나누는 수와 나뉘는 수를 반올림한다. 그러면 460÷80이 된다. 그 다음 두 수를 1/10로 나누면 46÷8이 된다. 다시 말해 456÷76의 답은 46÷8과 거의 같다는 뜻이다. 따라서 46안에 8이 5번 들어갈 것이라고 생각하고 일단 몫을 5라고 쓴다.

이번에는 '곱하기' 차례다. 몫과 나누는 수를 곱하면 380이다. 456과는 차이가 크다. 그러면 6번 들어갈 것이라고 생각하고 6으로 고쳐 쓴다. 이번에는 몫을 6이라고 쓴다. 곱셈을 한다. 나누어지는 수와 정확히 같아졌다. 빼면 0이다. 나누어 떨어졌으므로 답은 6이다.

:: 네 자리 이상의 수÷두 자리의 수 ::

÷	4,256	6,000	10,348	86,460	245,023
16					
38					
54					
79					
90					

:: 나눗셈 총정리 문제 ::

÷	9,117	28,600	21,316	53,300	112,707
3					
146					
572					
2,600					
4,508					

어떤 경우든 나눗셈하는 순서인 '몫을 쓴다', '곱한다', '뺀다', '내린다' 를 소리 내어 말하게 하는 것이 나눗셈을 익히는 가장 빠른 지름

4장 · 알기 쉬운 나눗셈과 분수의 원리

길이다. 이어서 세 자리 수÷두 자리 수를 정확히 계산할 수 있으면 한 걸음 더 나아가 네 자리 수÷두 자리 수를 계산하게 한다. 간편하게 문제를 만들려면 25칸 계산을 이용한다. 왼쪽 줄에 나누는 수, 윗줄에는 나뉘는 수를 써 넣는다. 조금 자의적으로 문제를 만들어도 상관없다 (앞 쪽).

단, 속도에 대해서는 이러쿵저러쿵 말하지 않는다. 또 너무 많은 문제를 풀게 하지도 않는다. 각각 **몇 문제씩만 풀게 하면 된다**.

연산과정은 하나씩 꼼꼼히 봐야 한다. 그리고 나머지도 올바른지 점검한다.

나누는 수가 두 자리 수인 나눗셈을 쉽게 풀 수 있게 되면 좀 더 큰 수로 나누는 문제도 할 줄 안다. 그런 문제는 몇 개만 풀게 하면 된다. 사칙연산의 기본 문제와 곱셈 나눗셈 왕복 계산(133쪽의 엘리베이터 계산)을 확실히 해 놓는 한 틀릴 일은 거의 없다.

25칸 계산으로 나눗셈을 총정리하자. 물론 나머지까지 정확히 구하게 한다. 칸 안에서 계산하게 하지 말고 공책이나 연습장에서 계산한 뒤에 몫과 나머지만 쓰게 한다.

나눗셈을 할 때는 '몫을 쓰고, 곱하고, 빼고, 내린다'는 순서를 기억해 두면 편하다. 100문제 정도 풀고 나면 쉽게 풀 수 있다.

분수의 원리는
색종이로 가르친다

분모가 같은 분수는 누구나 더하고 뺄 수 있지만 분모가 다르면 어려워진다. 물론 통분이나 계산하는 법은 배우면 할 수 있지만 왜 그렇게 되는지를 제대로 이해하고 푸는 아이는 별로 없다. 고학년이 되면 분모가 다른 분수의 계산을 배우는 데 보통은 이유를 이해하지 못한다.

그런데 색종이를 사용해서 가르치면 누구나 쉽게 이해한다. 가장 쉬

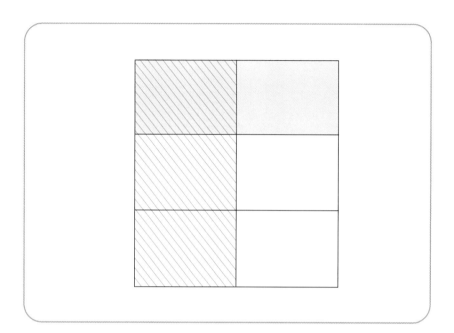

운 것은 1/2 와 1/3을 더하는 것이다.

먼저 색종이를 반으로 접는다. 1/2이 생겼다. 다음에 90도로 돌려서 3등분한다. 1/3이 생겼다. 1/2에 해당하는 부분에 빗금을 친다. 1/3에 해당하는 부분에는 색을 칠한다. 이것으로 계산의 원리를 설명할 준비가 되었다.

빗금과 색이 겹친 부분 중 하나를 다른 곳으로 옮긴다. 그러면 빗금 친 부분은 3/6, 색칠한 부분은 2/6이라는 사실을 금방 알 수 있다. 그리고 둘을 더하면 5/6가 된다.

2/3 더하기 3/4처럼 1보다 커지는 계산이라도 색종이를 사용하면 금

4장 · 알기 쉬운 나눗셈과 분수의 원리

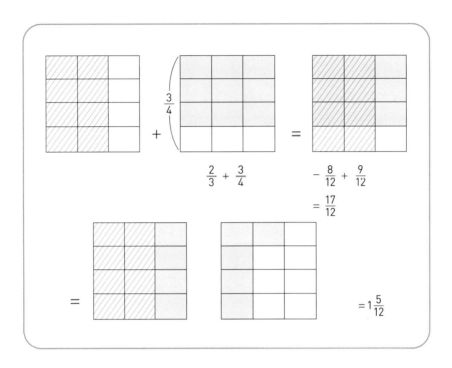

$$\frac{2}{3} + \frac{3}{4}$$

$$-\frac{8}{12} + \frac{9}{12}$$

$$= \frac{17}{12}$$

$$= 1\frac{5}{12}$$

방 이해할 수 있다. 작은 칸이 12개 있고, 그 중에서 서로 겹친 칸이 6개다. 그것을 떼어서 그 중 1개를 오른쪽 아래 구석에 넣는다. 그러면 작은 칸 5개가 남는다. 색종이를 한 장 더 준비해서 같은 방법으로 접고, 그 안에 남은 칸 5개를 넣는다. 답은 1과 5/12라는 것을 금방 알 수 있다.

뺄셈도 같은 방법으로 이해할 수 있다. 그런데 통분해서 계산해야 하는 덧셈과 뺄셈이 많다. 계산이 서툰 아이에게는 통분도 큰일이다. 귀찮기 때문이다. 가령 37/72 빼기 23/48이라는 문제가 나왔을 때 통분을

$$
\begin{array}{r}
2\,\overline{)\,72,\ 48} \\
3\,\overline{)\,36,\ 24} \\
2\,\overline{)\,12,\ \ \ 8} \\
2\,\overline{)\,\ \ 6,\ \ \ 4} \\
3,\ \ \ 2
\end{array}
$$

최소공배수는 $2 \times 3 \times 2 \times 2 \times 3 \times 2$
$$= 24 \times 6$$
$$= 144$$

$$\frac{37}{72} - \frac{23}{48} = \frac{74}{144} - \frac{69}{144} = \frac{5}{144}$$

어려워하는 아이는 반드시 문제를 포기한다. 보통은 다음과 같은 방법으로 최소공배수를 구해서 통분한다.

그러나 좀 더 큰 수를 통분할 때는 시간이 상당히 많이 걸린다. 그래

$$
\begin{array}{cc}
\ \ 2 & \ \ 1 \\
24\,\overline{)\,48} & \overline{)\,72} \\
\underline{48} & \underline{48} \\
0 & 24
\end{array}
$$

서 좀 더 쉽게, 재미있게 할 수 있는 방법을 소개한다. 바로 유클리드의 호제법(互除法)인데, 이 방법을 알고 있으면 분수의 약분도 쉽게 할 수 있다.

큰 수(72)÷작은 수(48)의 계산식을 쓴다. 몫이 1이고 나머지가 24다. 이번에는 48÷24를 계산한다. 나누어 떨어졌다. 그때 나눈 수 24가 최대공약수다.

다시 말해 분수를 약분할 때 필요한 수인 것이다. 통분할 때는 최소공배수를 구해야 한다. 그것은 $24 \times 2 \times (72 \div 24) \times 1 = 48 \times 3 = 144$가 된다. 분모를 144로 하면 앞의 뺄셈을 할 수 있다.

조금 어려운 약분을 해 보자.

예를 들어 분모와 분자가 큰 수인 851/1,073을 약분할 때 호제법으로 하지 않으면 쉽게 구할 수 없다.

호제법이라면 위와 같이 한다. 금방 구할 수 있다.

나누어 떨어졌을 때의 나눈 수 37이 분모와 분자의 최대공약수다.

각각 37로 나누면 답이 23/29이 된다.

$$
\begin{array}{rrrr}
5 & 1 & 3 & 1 \\
37\overline{)185} & \overline{)222} & \overline{)851} & \overline{)1{,}073} \\
185 & 185 & 666 & 851 \\
\hline
0 & 37 & 185 & 222
\end{array}
$$

초등학교에서는 가르치지 않는 방법이지만 기억해 두면 아무리 큰 분수라도 짧은 시간 내에 최대공약수를 구할 수 있다.

왜 호제법을 사용하면 최대공약수를 쉽게 구할 수 있을까?

문장제로 출제해 보면 다음과 같다.

⊙ 문제

세로 120mm, 가로 72mm의 직사각형 종이가 있다. 이 종이를 가능한 한 같은 크기의 정사각형으로 나누려면 한 변의 길이를 몇 mm로 하면 좋을까?

4장 · 알기 쉬운 나눗셈과 분수의 원리

① 120 ÷ 72 = 1
   나머지는 48

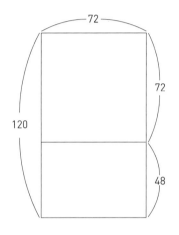

② 48 ÷ 24 = 2

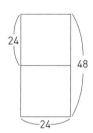

③ 72 ÷ 48 = 1
   나머지는 24

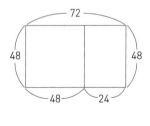

④ 최대공약수는 24

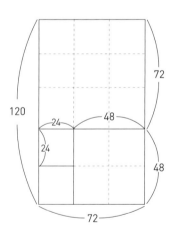

　분수의 곱셈도 색종이를 사용하면 쉽
게 이해할 수 있다. 3/4 × 2/3을 그림으로 나타내면 다음과 같다.

　작게 나눈 칸은 분모인 4와 3을 곱한 것으로 12칸이다. 그 중 6칸이
곱셈의 결과라는 것을 한눈에 알 수 있다. 다시 말해 3/4 × 2/3은 6/12
라는 것을 색종이를 이용하면 금방 이해한다. 약분하면 1/2이다. 어른
이라면 누구나 알고 있는 약분을 하면 곱셈은 매우 간단해진다.

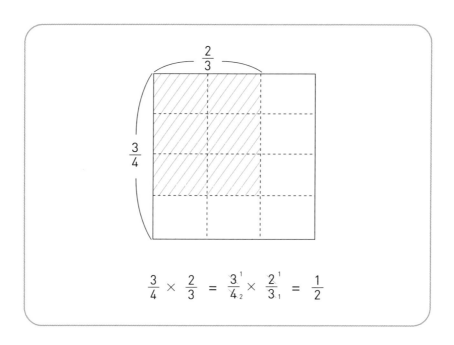

$$\frac{3}{4} \times \frac{2}{3} = \frac{3^1}{4_2} \times \frac{2^1}{3_1} = \frac{1}{2}$$

그러면 나눗셈은 어떻게 생각해야 좋을까? 3/4 ÷ 2/9를 색종이를 사용해서 생각해 보자.

먼저 세로로 4등분하고 그 셋을 흐리게 칠한다. 3/4라는 뜻이다. 이번에는 가로로 9등분하고, 그 두 줄에 빗금을 친다. 이것으로 2/9가 색종이 위에 표시된다. 나눗셈의 의미로는 색종이 한 장의 3/4이 2/9의 몇 배인지를 묻는 것이다.

3/4 부분은 작은 칸이 27개다. 2/9 부분은 8개다. 그러면 이 분수의 나눗셈은 27÷8이라는 것을 금방 알 수 있다. 그것은 27/8이고, 대분수로 바꾸면 3과 3/8이 된다. 색종이를 사용해서 가르치면 '분수는 쉽

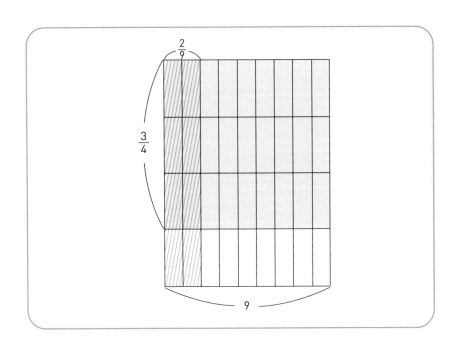

다.' 계산의 의미를 확실히 이해했기 때문이다. 그 다음은 계산 방법에
익숙해지면 된다.

분수의 나눗셈을 할 때는 나누는 수를 뒤집어서 곱하면 되는데, 그것

$$\frac{3}{4} \div \frac{2}{9}$$

$$= \left(\frac{3}{4} \times \frac{9}{2} \right) \div \left(\frac{2}{9} \times \frac{9}{2} \right) = \frac{3}{4} \times \frac{9}{2} \div 1$$

$$= \frac{3}{4} \times \frac{9}{2} = \frac{27}{8} = 3\frac{3}{8}$$

4장 · 알기 쉬운 나눗셈과 분수의 원리

$$\frac{3}{4} \div \frac{2}{9}$$

흐리게 칠한 작은 칸

$$= \frac{27}{36} \div \frac{8}{36} = 27 \div 8 = \frac{27}{8} = 3\frac{3}{8}$$

빗금 친 작은 칸

작은 칸 전체의 개수

을 그림이 아닌 식으로 증명하려면 세 가지 정도의 방법이 있다. 그 중
에서 하나를 보자. 초등학생에게는 조금 어려울지 모른다.

초등학생도 왼쪽처럼 식을 전개해서 가르치면 대부분 쉽게 이해한
다. 역시 색종이처럼 구체적인 물건을 이용한 이해, 그리고 그대로 식
을 만들어 풀어 가야 자연스럽게, 또 쉽게 이해한다.

수학적으로 말하면 3/4과 2/9를 통분해서 분모가 같은 나눗셈으로
바꾼 뒤 답을 구한다. 이렇게 하면 색종이로 분수의 나눗셈의 의미를
가르친 대로 연산과정을 재현할 수 있다. 그러면 분수를 쉽게 여긴다.
단, 100문제 정도 연습을 확실히 해야 손에 익는다.

소수 익히기와 넓이 구하기

$+ a^2 z^{n-3} + \ldots + a^{n-1})$ $J_1 = \int \frac{1}{x_0} dx$ $z^n - a^n = (z-a)(z^{n-1}$

$+ a_1 z + \ldots + a_n z^n = \sum_{k=0}^{n} a_k z^k$ $(a_n \neq 0)$ $P_n(z) = a_0 + a_1 z$ $P_n(z)$

$\frac{-h) - \log_a x}{} =$ $a = \psi\left(q \frac{1}{x}\right)$ $(\log_a x)' = \lim_{h \to 0}$

$\lim \log_a \left(\frac{x+h}{x}\right)^{1/h} = \lim \log_a \frac{1}{x}\left(1 + \frac{h}{x}\right)^{x/h} \lim \frac{1}{x} \log_a$

소수, 참 재미있는 성질!

분수를 계산할 때 소수를 알고 있으면 약분이나 통분하는 시간을 많이 줄일 수 있다.

소수란 1과 자기 자신으로만 나누어지는 수다. 예를 들면 2, 3, 5, 7, 11, 13, 17, 19……가 소수다.

초등학생이라면 1부터 200까지의 소수는 기억해두는 편이 좋다. 그래야 중학생이 되어서 인수분해를 할 때 도움이 된다.

			1	(2)	(3)
4	(5)	6	(7)	8	9
10	(11)	12	(13)	14	15
16	(17)	18	(19)	20	21
22	(23)	24	25	26	27
28	(29)	30	(31)	32	33
34	35	36	(37)	38	39
40	(41)	42	(43)	44	45
46	(47)	48	49	50	51
52	(53)	54	55	56	57
58	(59)	60	(61)	62	63
64	65	66	(67)	68	69
70	(71)	72	(73)	74	75
76	77	78	(79)	80	81
82	(83)	84	85	86	87
88	(89)	90	91	92	93
94	95	96	(97)	98	99

100	(101)	102	(103)	104	105
106	(107)	108	(109)	110	111
112	(113)	114	115	116	117
118	119	120	121	122	123
124	125	126	(127)	128	129
130	(131)	132	133	134	135
136	(137)	138	(139)	140	141
142	143	144	145	146	147
148	(149)	150	(151)	152	153
154	155	156	(157)	158	159
160	161	162	(163)	164	165
166	(167)	168	169	170	171
172	(173)	174	175	176	177
178	(179)	180	(181)	182	183
184	185	186	187	188	189
190	(191)	192	(193)	194	195
196	(197)	198	(199)	200	

소수는 재미있게도 6의 배수의 ±1의 수로 한정되어 있다. 6의 배수를 한가운데 줄에 놓고 1부터 200까지의 수를 나열해 보자. 그리고 소수에만 동그라미를 친다.

그러면 소수는 2, 3 이외에는 모두 6의 배수 양쪽에 있다. 왜 그런지 아이와 함께 생각해 보자. 나로서는 큰 발견이었다.

인도 아이들은 구구단을 20×20까지 외운다고 한다. 그 때문일까? 소수도 잘 기억하는 것 같다. 지금 세계에서 저명한 수학자 중에는 인도 사람이 많다. 어렸을 때부터 학교에서 수 감각을 키우는 공부를 시켰기 때문이라고 한다. 그것이 바로 20단까지 외우기인 것이다.

단순한 계산 연습을 반복하는 일은 쓸데없는 시간 낭비가 아니다. 뇌의 발달을 뚜렷하게 촉진시킨다는 사실이 최근 수년 동안 뇌 과학자에 의해 증명되었다. 전자계산기로는 할 수 없는 일이다.

인도 어린이들은 옛날부터 초등학생 때 대부분의 계산을 암산으로 했다. 일본에서도 곱셈 구구단이 아닌 '덧셈 구구단'을 창시한 선생이 있다. 도쿄 시의 쿠보 선생님은 자기 학급의 1학년 아이들에게 "삼 일은 4, 삼 이 5, 삼 삼 6, 삼 사 7……"이라고 외우게 했다. 2학년이 되면 곱셈과 헷갈리지 않을까 하는 걱정도 있었지만 아이들은 곱셈 구구단과 덧셈 구구단을 정확히 구분할 줄 알았다고 한다. 아이의 두뇌란 정말이지 대단하다.

넓이 계산은
유연한 발상으로

      고학년이 되면 사다리꼴의 넓이를 구하는 법을 배운다. 보통은 공식을 외워서, 그 식에 주어진 수를 대입해서 넓이를 구한다. 아이는 공식이 무엇을 의미하는지 제대로 알지 못한 채 계산을 하게 된다. 그래서 넓이를 구하는 방법은 한 가지밖에 없다고 생각하기 쉽다. 이렇게 해서는 모처럼 수학이라는 머리를 쥐어짜는 공부를 하면서도 머리 회전이 유연해지기는커녕 오히려 경직된 사고를 하게 될 위험도 있다.

사다리꼴의 넓이를 계산하는 공식을 외우기 전에 다양한 방법을 생각하게 하는 것이 좋다. 아이들은 직사각형, 정사각형, 삼각형, 평행사변형, 마름모의 넓이를 구하는 방법은 알고 있다. 그러므로 그것을 바탕으로 생각하는 것이다.

먼저 색종이에 사다리꼴 도형을 그려서 오려낸다. 그리고 "사다리꼴의 넓이를 구하는 방법은 여러 가지다. 가위를 사용해도 좋으니 분해하거나 붙여서 넓이를 구하는 방법을 생각해 보자"라고 유도한다. 실제로 시켜보면 누구나 적어도 2개의 방법을 발견한다. 많이 볼 수 있는 방법은 아래의 ⓐ와 ⓑ다.

ⓐ는 사다리꼴을 삼각형 두 개와 직사각형 하나로 나눠 각각의 넓이를 더한 것이다. ⓑ는 사다리꼴을 삼각형 2개로 나눠서 계산하는 방법이다.

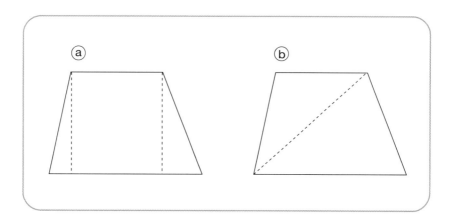

5장 · 소수 익히기와 넓이 구하기

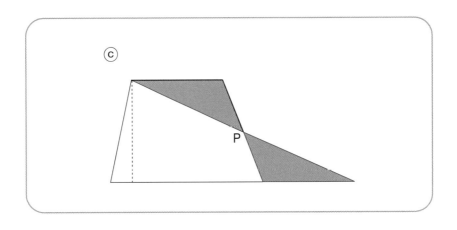

공식을 그림으로 나타내면 ⓒ와 같이 된다. 검게 칠한 부분을 점 P를 중심으로 180도 돌리면 사다리꼴은 가늘고 긴 삼각형이 된다. 이 삼각형의 밑변의 길이는 사다리꼴의 윗변과 아랫변을 더한 길이와 같아진다. 다시 말해 사다리꼴이 삼각형으로 변한 것이다. 따라서 '윗변＋아랫변＝삼각형의 밑변'이 되므로 사다리꼴의 넓이를 구하는 공식은 삼각형의 넓이를 구하는 공식으로 바꿀 수 있다.

이 방법을 아이가 찾아내기는 힘들다. 단, 학급에서는 시간을 많이 주고 천천히 생각하게 하면 반드시 누군가가 생각해 내서 발표할 것이다.

이처럼 사다리꼴의 넓이를 구하는 방법을 아이 스스로 생각하게 했더니 5학년인 아이는 무려 21가지나 되는 방법을 찾아냈다. 실제로는 30가지 정도 된다고 한다.

공식을 억지로 암기해서 답만 구하는 공부로는 생각하는 힘을 조금도 기를 수 없다. 오히려 수학을 싫어하게 된다.

수학은 답은 하나지만 구하는 방법은 수없이 많다. 아이가 "계산 방법은 하나가 아니라 여러 가지구나. 또 다른 방법은 없을까?" 하는 탐구와 발견의 기쁨, 창조적 사고의 즐거움, 그런 것을 맛보게 해 주어야 한다.

"답은 하나지만 푸는 방법은 여러 가지라고? 그렇다면 나도 한 번 찾아 봐야지" 하는 왕성한 지적호기심이 수학에 가장 좋은 교재다.

5장 · 소수 익히기와 넓이 구하기

아무도 가르쳐 주지 않는
넓이 계산법

초등학교 6학년이 되면 축척과 비례를
배운다. 땅의 넓이를 나타내는 단위도 안다. 원이나 부채꼴의 넓이를 구
할 수 있다. 그런데 모양이 일정하지 않은 도형의 넓이를 구하는 법은
학교에서 가르치지 않는다.

또, 세계 지도를 보다 보면 크기가 비슷한 나라라도 어느 쪽이 좀 더
넓은지 알고 싶어진다. '미국, 중국, 오스트레일리아, 캐나다, 브라질의

넓이는 각각 얼마일까?', '내가 살고 있는 시나 도의 넓이를 간단히 잴 방법은 없을까?' 하는 생각도 한다. 이런 물음에 답할 수 있는 것이 픽 (Pick)의 정리다.

픽의 정리를 알고 있으면 어떤 모양의 면적도 쉽게, 게다가 상당히 정확히 구할 수 있다. 가령 비파 호의 면적을 구하려고 하면 지도에 표시되어 있는 축척대로 눈금을 만든다. 다음 쪽의 지도에서는 한 변이 5km인 정사각형으로 눈금을 정한다. 가로 세로 선이 만나는 지점을 지나는 호안선을 경계선의 점(▲표시), 호수 안에 포함된 교차점을 내부 교차점(○표시)이라고 이름 붙인다. 세어 보면 각각 5개와 25개다. 그것을 앞 쪽의 식에 대입한다.

픽의 정리는 초등학교 6년까지 공부한 수학의 종합적 교재다. 넓이, 축척, 비례, 사칙연산이 모두 들어 있기 때문이다. 공부한 것을 이런 식으로 활용하는 것은 재미있는 일이다. 실제로 픽의 정리를 배운 뒤 '수학은 재미있는 과목'이라고 말하는 아이가 많아진다.

왜 이 정리를 이용하면 실제 면적과 가까운 값을 계산할 수 있을까?

먼저 가로세로 1cm인 정사각형을 보자. 각이 4개 있다. 정사각형이 두 개라면 L자형의 각 4개와 T자형의 각 2개, 더해서 6개가 있다. 다음 쪽의 그림을 보면 정사각형의 수가 6, 7, 8, 9……로 늘어나면 LT자형의 각의 수는 14, 16, 18, 20……으로 늘어나는 것을 금방 알 수 있다.

나아가 LT 모양의 각을 절반으로 나누어서 1을 빼면 정사각형의 수가 되는 것도 알 수 있다.

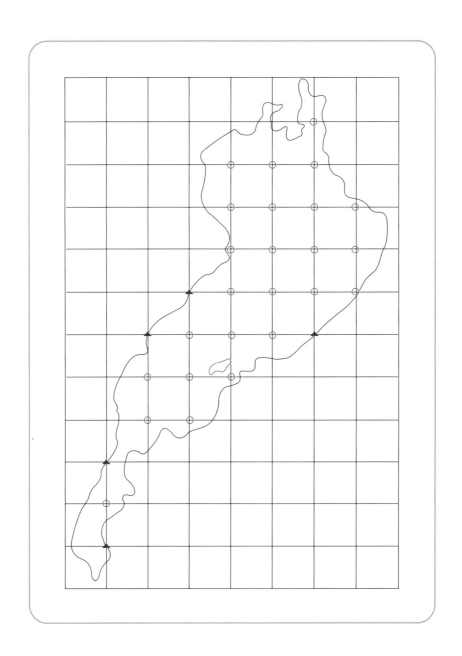

정사각형이 5개일 때의 넓이를 구해 보자. 169쪽의 그림에서 실선으로 나타낸 5개의 정사각형의 넓이를 구할 때, 교차점인 L자형, T자형(▲표시)을 중심으로 정사각형을 점선으로 그린다. 6개×2줄이므로 12개가 생긴다. 그리고 실선으로 그린 정사각형 5개를 전부 왼쪽 위 모서리의 점선으로 이동시키면 왼쪽과 오른쪽에 각각 1개와 6개의 빈 공간이 생긴다. 그러면 면적 S는 경계선의 점의 개수 12의 절반에서 1을 뺀 수, 다시 말해 5가 된다.

아이에게 좀 더 생각하게 하자. 정사각형이 한 줄 이상, 두세 줄 늘어

:: 픽의 정리 ::

$$S = \frac{\text{경계선의 점의 개수(▲표시)}}{2} + \text{내부의 점의 개수(○표시)} - 1$$

$$= \frac{5}{2} + 25 - 1$$

$$= 26.5$$

한 변이 5km인 정사각형의 면적은 2.5km²다. 따라서 비파호의 면적은

$$25\text{km}^2 \times 26.5 = 662.5\text{km}^2$$

실제 면적은 673.8km²이므로 오차는 2% 정도다.

(주) 현재는 도로, 공원 등으로 매립지가 생겨서 호수 면적은 670.25km²(2004년)이다.

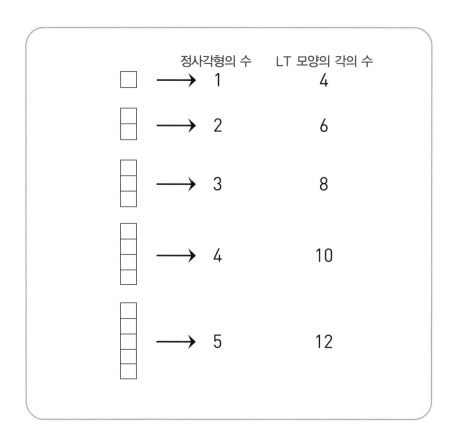

정사각형의 수　　　LT 모양의 각의 수

□　　⟶　1　　　　4

▢　　⟶　2　　　　6

▢　　⟶　3　　　　8

▢　　⟶　4　　　　10

▢　　⟶　5　　　　12

선 도형에 관해서도 교차점의 수와 면적의 관계를 생각하게 한다. 다음
쪽 같은 그림을 보여주자. L자형이나 T자형의 교차점이 있는 도형이라
면 앞에서 한 것처럼 넓이를 간단히 구할 수 있으므로 이번에는 도형의
선 위가 아닌 도형 안에 들어 있는 교차점의 수도 생각하게 한다. 어른
에게는 쉬운 일이지만 아이에게는 상당히 어려운 문제다. 시간도 많이
걸린다. 결론부터 말하면 내부 교차점 하나 당 넓이의 단위가 되는 정

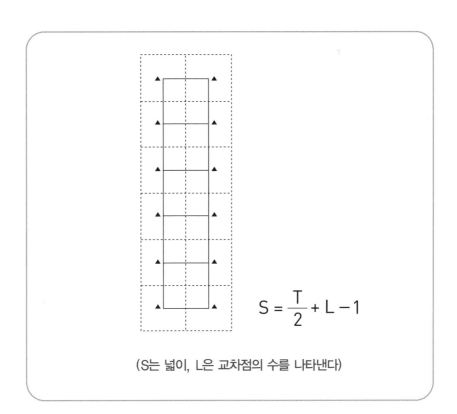

$$S = \frac{T}{2} + L - 1$$

(S는 넓이, L은 교차점의 수를 나타낸다)

사각형 하나가 된다.

170쪽 그림에서는 ▲표시가 경계선의 점이고 ○표시가 내부의 교차점이다. 앞에서 든 식을 이용해서 세로 4단위, 가로 3단위인 직사각형의 면적을 구하면 경계선의 점 ▲가 14개고 ○가 6개다. 픽의 정리로 계산해 보자. 12개가 된다.

답에 '도착' 하기까지는 2시간쯤 걸린다.

그리고 "우리나라 초등학생은 아직 누구도 배운 적 없는 내용이야. 아

5장 · 소수 익히기와 넓이 구하기

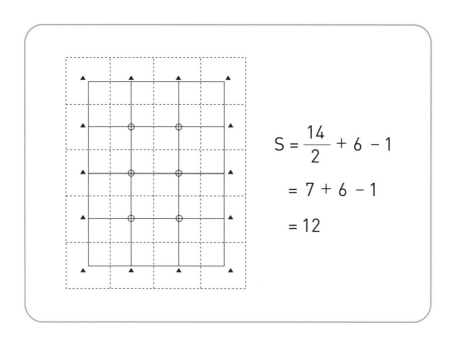

$$S = \frac{14}{2} + 6 - 1$$

$$= 7 + 6 - 1$$

$$= 12$$

무리 복잡한 도형이라도 비교적 빨리, 그리고 간단히 넓이를 구할 수 있는 배운 거야. 나라든 호수든 섬이든 도든 시든, 지도만 있으면 금방 넓이를 알 수 있지. 평생 쓸 수 있는 공식이야. 엄마도 아빠도 몰랐고, 고등학교에 다니는 형이나 누나도 모르는 방법이란다"라고 **학습 동기를 확실히 부여해 주면 아이는 의욕에 넘쳐서 픽의 정리를 바라볼 것이다.**

직사각형의 넓이를 앞에서 이야기한 식으로 구할 수 있다면 다음에는 삼각형에도 적용할 수 있을지 문제를 던져 보자. '어렵다', '할 수 있다' 등 반응은 가지가지일 것이다. 이유를 물어 본다.

"기울어진 변이 있기 때문에 삼각형의 넓이는 정확히 구할 수 없다"

라고 말하는 아이도 있다. 또는 "삼각형은 직사각형을 대각선으로 나눈 것이므로 직사각형의 넓이만 구할 수 있다면 넓이를 반으로 나누면 된다"라고 이야기하는 아이도 있다.

의논한 뒤에 "삼각형의 변 위에 있는 교차점과 삼각형의 내부에 있는 교차점의 개수를 각각 구해보자"라고 말한다.

아래 그림의 직각삼각형의 변 위에 있는 교차점의 수는 여덟 개, 내부 점의 개수는 세 개다. 넓이를 구하기 위해서 앞서 설명한 식에 대입하면 아래 식과 같이 된다.

답을 얻은 아이는 "삼각형도 풀었다!"라며 환호성을 지를 것이다.

사다리꼴도 시도해 본다. 물론 정확히 구할 수 있다. 또 지름 10cm인 원도 구할 수 있는데, 이때 1눈금을 1cm로 하면 좋다. 물론 5mm의 모

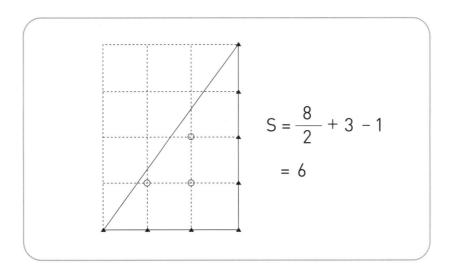

$$S = \frac{8}{2} + 3 - 1$$

$$= 6$$

눈종이에서라면 더욱 정확한 면적을 구할 수 있다. 원을 그릴 때는 컴퍼스에 끼울 연필심을 아주 가늘게 깎아서 조심스럽게 그린다. 계산만 정확하다면 원의 면적을 구하는 공식에 대입했을 때와 같은 답을 얻는다. 단위 눈금을 작게 할수록 더욱 정확한 면적을 얻을 수 있다.

넓이는 먼저 눈과 발로

　　　　　　　일생생활에서 넓이를 계산해야 할 일
은 거의 없다. 수학 시간에나 배우기 때문에 넓이 구하는 방법을 쉽게
잊어버린다.

　물론, "가로 8cm, 세로 6cm의 직사각형의 넓이는 몇 cm²인가?" 같은
문제는 쉽게 정확히 풀 수 있지만, 3a라든지 5ha라든지 350km² 같은
면적은 좀처럼 실감하기 어렵다. 게다가 문제가 조금이라도 복잡해지

173

면 틀리고 만다.

그 이유는 머릿속으로만 생각하거나 외우는 학습을 했기 때문이다.

100a는 1ha이고 그 100배는 1km²라고 공책에 베껴 쓸 수는 있지만 그 넓이가 얼마나 되는지 실감하지 못한 채 계산하는 법만 배우기 때문에 제대로 기억하지 못한다. 게다가 평소에 친구끼리 넓이에 관한 이야기를 나눌 일도 거의 없다. 아이가 몸소 체험해서 아는 넓이는 1m²에서 4m² 정도까지다. 10m²만 되어도 금방 감을 잡지 못한다.

"이 교실의 넓이는?"이라는 물음에 금방 60m² 정도라고 대답할 수 있는 아이는 없다. 대부분 "가로가 7m이고 세로가 8m, 그러니까 56m²"라는 식으로 교실의 가로세로 길이를 눈으로 어림해 보거나 실제로 재 본 뒤에 곱해서 넓이를 낸다. 순간적으로 약 몇m²라고 대답할 수 있는 아이는 거의 없다.

처음 넓이를 구할 때는 실측부터 한다. 작게는 엽서, 공책, 책상, 교실에서부터 크게는 학교 건물, 운동장을 줄자로 재서 계산한다. 어렸을 때는 몸으로 배운 것을 더 잘 이해하고 뚜렷이 기억한다. 반대로 머리로만 외운 것은 그때뿐이다. 그래서 시간이 지난 뒤에 시험을 보면 거의 잊어버린다.

아이가 학교에서 넓이에 관한 내용을 배운다면 부모가 조금만 도와주자. cm²을 배울 때는 색종이의 면적을 먼저 구한 다음, 그것을 바탕으로 신문지나 방의 넓이를 cm²로 구하게 한다. "신문지 위에는 정사각형의 색종이를 몇 장이나 깔 수 있을까?"라는 식으로 부모와 아이가 함께 예상하고, 그 다음 실측하고, 나눗셈을 해서 답을 구하는 것이다. 그리고 답이 맞았는지 신문지에 색종이를 붙인다. 정확히 맞으면 아이는 수학 문제를 푸는 기쁨과 감동을 맛볼 것이다.

방의 넓이도 cm²나 m²단위로 구해 보는데, 이때는 신문지를 몇 장 깔수 있을지 예상치를 구한 다음 실측해 본다. 누구 예상치가 정답에 더 가까운지 내기를 해도 좋다. 역시 나눗셈으로 답을 구하고, 답이 맞았는지 방안 가득 신문을 깔아 본다. 아이의 답이 맞았거나 부모를 이겼을 때, 아이는 정말로 신나한다.

이때 어른은 아이를 이기려고 해서는 안 된다. 오히려 아주 자연스럽

게 승리를 양보해야 아이가 수학을 좋아하게 된다. 아이가 자신의 이론적 능력으로 부모를 이겼다는 것을 알았을 때가 정말로 공부를 하고 싶다는 의욕에 불이 붙은 순간이다. 아이가 눈치 챌 정도로 일부러 져 주는 것은 안 되지만, 수학에 흥미를 갖게끔 연극하는 것은 매우 좋다.

ha 이상의 넓은 면적을 배웠으면 이번에는 아빠가 등장할 차례다. 쉬는 날, 이이와 함께 공원에 가는 것이다. 산책할 겸 동네를 돌아보는 것도 좋다. 자전거를 타고 좋다. 가까운 공원의 면적을 구해 본다.

줄자를 사용해서 재기는 어려우므로 **몇 걸음인지 재 본다.** 아이와 아빠의 100걸음은 몇 m나 되는지 각각 실제로 재 보고, 한 걸음의 보폭도 계산한다. 그리고 동네 공원 주위를 걸어 본 다음 그림으로 나타낸다. 함께 걷고, 함께 그리고, 계산 결과도 맞춰 본다. 조금 차이가 있을지 몰라도 아이는 아빠와 함께 보낸 멋진 시간으로 기억할 것이다. 오차가 클 때는 처음부터 다시 한다.

실제로 면적 조사를 하면서 아이는 면적에 대한 감각을 기를 수 있다. 그리고 ha가 얼마나 되는지도 실제로 파악할 수 있다. m^2과 a와 ha, 그리고 km^2의 상호 관계도 잘 알게 된다. 아빠와 함께 발로, 머리로 배운 공부는 아이에게 평생 잊히지 않는 산지식이 되는 것이다.

무게, 부피는 일상에서 체험으로

길이와 달리 무게와 부피는 좀처럼 알아맞히기 어렵다. "여기에서 저쪽에 보이는 다리까지 몇 m나 될까?" 라거나 "집 앞에 버스가 다니는 길의 너비는 얼마나 될까?" 같은 질문에는 얼추 비슷한 대답을 한다. 그런데 무게와 부피를 물으면 대부분 얼토당토않은 값을 말한다.

"교과서 무게는 몇 g일까?"나 "파란 비닐봉투에 들어 있는 음식 쓰레기는 몇 kg일까?"라고 물었을 때 올바르게 대답할 수 있는 사람은 드물다.

부피는 더 어렵다. "양동이 가득 들어 있는 물은 몇 l일까?" 또는 "오늘 아침에 먹은 된장국은 모두 몇 dl일까?"라고 물어 봤을 때 거의 정확히 말하는 사람은 드물다. 평생 보는 것인데도 무게나 부피는 정확히 파악하지 못한다. 어른도 이런데, 무게나 부피에 관해 생각해 본 적도 없는 아이에게 무게와 부피는 매우 어려운 공부다. 수학 시간에 아무리 자세히 가르쳐도 평소 생활 속에서 l나 g을 눈여겨보지 않으면 모처럼 배운 내용도 금방 잊어버린다.

학교에서 l나 dl, 아니면 g, kg을 당장 배우지 않더라도 **집에서 평소에 무게나 부피에 관해서 이야기를 나누자.**

목욕한 뒤에 가족의 몸무게를 비교하는 것도 좋다.

"아빠는 말랐는데 70kg이나 나가네?"

"엄마는 뚱뚱한데도 51kg밖에 안 나가요? 정말?"

"너는 태어났을 때 264g밖에 안 되었는데 벌써 32kg이나 되었구나."

이런 경험은 아이가 학교에서 무게를 배울 때 많은 영향을 준다.

쌀을 씻을 때 "저녁 해야 하니까 300g만 갖다 줄래?"라고 부탁하거나 청소할 양동이에 물을 받으면서 "이 양동이의 물은 몇 l나 될까?"라든지 "욕조에는 물이 얼마나 들어갈까?"라는 질문은 아이가 부피나 무게에 관심을 갖는 데 큰 도움이 된다.

무게를 재는 단위는 대개 g이나 kg이다. 1g은 1원짜리 동전의 무게

다. 10개면 10g이다. 어른의 가운데 손가락 길이로 쌓으면 30개쯤 된다. 30g인 것이다. 분동 대신 사용할 수 있다.

부피의 단위는 $1l$나 $1dl$다. 두꺼운 종이에 사방 10cm인 정육면체의 전개도를 그린 다음 잘라서 부피가 $1l$인 정육면체를 만든다. $1dl$는 5cm×5cm×4cm인 직육면체의 전개도를 그려서 만든다. 모래를 넣은 다음 연필로 밀어서 넘치는 부분을 버린다. 이렇게 해서 구한 정확히 $1dl$의 모래를 $1l$짜리 그릇에 넣는다. 10번 넣으면 정확히 $1l$가 된다.

이처럼 일종의 놀이를 통해서 $1dl$를 10배 하면 $1l$가 된다는 것을 가르치자. 이런 경험을 통해서 아이는 l와 dl의 감각을 정확히 익힌다. 그리고 l나 dl를 사용해서 계산하거나 단위를 환산할 때도 결코 실수하지 않는다.

l나 dl 그릇을 사용해서 세면기나 양동이의 부피를 재면 부피에 관한 감각이 확실해진다. 우유병이나 주스병, 맥주병의 부피도 재 보자. 두꺼운 종이로 만든 통이라면 모래를, 플라스틱으로 된 그릇이라면 물을 넣으면 된다. 공부라기보다는 오히려 모래놀이, 물놀이다. 절반은 놀이 감각으로 체험 학습을 많이 한 아이일수록 이해력, 응용력이 풍부해진다. 반복학습만으로는 아무래도 학습능력이 빈약해지기 쉽다.

문장제
감각
키우기

일상생활에서 백분율, 비율을 자주 사용한다

백분율은 퍼센트와 같은 뜻으로 아이가 학교생활을 하면서 자주 접하는 개념이다. 바로 시험 점수다. 모두 25문제인 시험에서 22문제를 맞으면 점수는 88점이 된다. 다시 말해 정답률이 88%라는 뜻이다. 전체에서 정답이 차지하는 비율이 얼마나 되는지를 나타내는 지표가 100점을 기준으로 한 득점이다.

그러므로 아이는 이미 백분율이나 백분비를 배우기 위한 선행 학습을 경험하고 있는 것이다. 단 소수와 달리 백분율은 늘 전체를 100으로 보고 비율을 구하기 때문에 처음에는 이해하기 어렵다. 소수나 분수는 전체를 나타내는 것이 보통 100이 아니라 1이기 때문이다. 아이가 어려워할 때는 백분율은 늘 분모가 100이 되는 분수로, 그 분자만 빼내서 %를 붙여 주면 된다고 말하면 쉽게 받아들인다.

평소에 %를 자주 사용하는 집에서 자란 아이는 자연스럽게 그 의미를 이해한다. 50%는 절반이라는 뜻으로 0.5이며 1/2와 같다는 사실도 이미 알고 있다. 특별히 가르치지 않아도 어느새 기억하고 있는 것이다. 아이가 시험지를 받아 왔을 때 "어머, 오늘은 85점이구나. 85% 적중했네"라든지 "오늘 잘 했다. 100% 맞혔구나"라는 식으로 말해 주면 %의 의미를 저절로 알게 된다.

아이들은 뜻밖에도 %를 분수나 소수로 환산할 수 있다는 것을 모른다. 그러므로 환산하는 연습도 많이 시킨다. 1%는 1/100로 0.01이라든지, 2%는 2/100이고, 2/100은 1/50이므로 0.02이고, …… 99%는 99/100, 0.99이고 100%는 100/100. 즉 1이라고 순서대로 모두 바꿔서 말해 주자.

또 반대로 1/100, 2/100, 3/100, …… 3/25, …… 3/4, …… 99/100 이라는 분수를 %로 바꾸는 연습도 시킨다. 웬만큼 이해하게 되면 이제 임의의 분수를 소수나 백분율로 고치거나 임의의 소수를 백분율로 나타내는 연습을 며칠 동안 시켜 본다.

아이는 비율에 관해 생각지 못한 오해를 하기도 한다. 2할이라고 하

6장 · 문장제 감각 키우기

면 전체를 2로 나눈 것, 5할이라고 하면 1/5라고 믿는 아이가 가끔 있다. 그럴 때는 영국 등에서는 비율을 %로 나타내고, 우리나라에서는 그냥 비율로 말한다고 가르쳐 주자.

10%는 1할, 25%는 2할 5푼, 38.9%는 3할 8푼 9리라고 설명해 주면 금방 이해하고, 각각 바꿔 말하거나 계산도 할 수 있게 된다. 단, 백분율이나 비율은 평소 생활 속에서 꾸준히 써야 한다. 배운 뒤에 활용하지 않으면 진정한 살아있는 지식이 되지 못한다.

백화점 세일 기간의 가격 할인율이나 은행이나 우체국에 저금을 할

:: 소수+할푼리를 백분율로 나타내는 계산 연습 ::

+	0.01	0.05	0.08	0.1	0.2	0.25	0.5	0.64	0.75	0.8
1할										
2할 5푼										
4할										
7할 5푼										
2푼				10%						
8푼										
5할						75%				
1할 5푼										
3할 6푼										
6할 5푼										

때의 이율에도 관심을 갖게 하자. 용돈을 저금할 때도 저금하는 금액에 따라 금리가 달라진다는 사실을 알려 주고, 이자를 미리 산출하게 해서 아이 스스로 금융 상품을 선택하게 하는 것이 좋다. 이율이 낮을 때와 높을 때의 차이를 이야기해 주어 사회의 변화를 알게 하는 것도 경제와 역사에 관심을 갖게 하는 데 도움이 된다.

이처럼 책상 앞에서만 하는 공부로 끝내지 않고 실생활에서 배운 내용을 직접 응용해 보는 자세가 가장 좋은 복습법이다.

백분율, 비율, 분수의 상호 관계를 이해한 다음, 신속정확하게 문제를 풀기 위해서는 백칸 계산을 사용한다.

윗줄과 왼쪽 줄에는 할푼리나 백분율, 아니면 소수, 분수 등을 임의로 기입해서 답을 적게 한다. 소수와 할푼리로 계산하고 답은 %로 쓰는 식이다. 이 100칸 계산의 결과를 일일이 맞혀 보기는 힘들다. 하지만 한두 번쯤은 답이 정확한지 꼭 확인한다. 연습을 너무 많이 시키지 않는다.

놀이 감각으로
연산처리 능력을 기른다

　　　　　　　　수학을 잘 하느냐 못 하느냐의 가장
중요한 기준은 계산력이다. 계산에 익숙하지 않은 아이는 수학을 못
한다.

　초등학교에서 가르치는 수학은 특별한 재능이나 창조적 발상이 있어
야 풀 수 있는 수준이 아니다. 문제의 내용을 정확히 파악하는 능력과
이미지화하는 상상력, 문제를 푸는 계산력만 있으면 누구나 쉽게 할 수

있는 과목이다.

　다른 말로 하면 책을 좋아해서 늘 책을 읽고, 계산 연습을 제대로 한 아이라면 수학에서 늘 높은 점수를 받을 수 있다. 책을 별로 읽지 않는 아이는 문장으로 된 문제를 어려워한다. 반면 책을 많이 읽는 아이는 문장으로 된 문제도 척척 푼다. 텔레비전이나 게임을 좋아하는 아이는 수학에 약하다. 이미지화하는 능력이 떨어지기 때문이다.

　수학의 핵심인 계산력이 몸에 붙은 아이는 계산 연습을 하는 도중에 자신도 모르게 수의 구조와 수와 수의 관계까지 알게 된다. 그런 아이에게 일종의 계산 놀이 같은 것을 시켜보면 흥미 있게 풀어 간다. 혀를 내두를 정도다.

　또, 계산을 자꾸 틀리는 아이 중에는 계산하는 순서를 잘 모르는 아이가 많다. 다음의 세 문제를 풀어보자.

$$① \ 6+6÷2= \qquad ② \ 6+6-5×2= \qquad ③ \ 6+(6-5)×2=$$

　각각 답은 얼마일까? ①이 6, ②가 14 ③이 14가 나온 사람은 틀렸다. 정답은 ① 9, ② 2, ③ 8이다. 계산식 안에 ( )가 있으면 괄호 안부터 계산한다. 다음에 ×, ÷을 먼저 계산한다. 그 다음에 +, -를 계산하는 것이 규칙이다.

　이쯤에서 같은 수를 5개 사용해서 답이 0에서 10까지 나오도록 계산식을 만드는 놀이를 해 보자. 아이는 열중해서 문제를 푼다. 재치가 있

6장 · 문장제 감각 키우기

어야 가능한 계산 학습이다.

숫자 1은 빼고 2부터 9까지 2를 다섯 번, 3을 다섯 번, …… 9를 다섯 사용해서 계산식을 만든다. 부모와 아이가 함께 경쟁하듯이 만들어 보는 것도 흥미롭다. 무엇보다 아이의 연산처리력이 눈에 띄게 좋아진다. 참고로 2부터 9까지의 계산을 실었다. 물론 문제를 푸는 데 시간이 많이 걸릴 수 있지만 답은 보여 주지 않는다. 또, 한 번에 다 풀지 말고 오늘 2개, 내일 3개 하는 식으로 하는 편이 좋다. 그러면 혼합계산의 처리 순서를 확실히 기억하게 된다. 게다가 식을 만드는 방법도 다양해서 일종의 발견학습도 된다.

$2 \div 2 + 2 \div 2 - 2 = 0$ $2 \times 2 + 2 + 2 - 2 = 6$

$2 + 2 - 2 - 2 \div 2 = 1$ $2 + 2 + 2 + 2 \div 2 = 7$

$2 + 2 + 2 - 2 - 2 = 2$ $(2 + 2) \times 2 \times 2 \div 2 = 8$

$2 \times 2 \div 2 \div 2 + 2 = 3$ $2 \times 2 \times 2 + 2 \div 2 = 9$

$2 + 2 \div 2 + 2 \div 2 = 4$ $2 + 2 + 2 + 2 + 2 = 10$

$2 \times 2 + 2 - 2 \div 2 = 5$

:: 3을 사용하는 경우의 예 ::

$(3 - 3) \div (3 + 3) \times 3 = 0$ $(3 + 3 + 3) \div 3 + 3 = 6$

$(3 + 3 + 3) \div (3 \times 3) = 1$ $3 \times 3 + 3 \div 3 - 3 = 7$

$3 - (3 + 3) \div (3 + 3) = 2$ $3 + 3 + 3 - 3 \div 3 = 8$

$3 + 3 \div 3 - 3 \div 3 = 3$ $(3 + 3 + 3) \times 3 \div 3 = 9$

$(3 + 3 + 3 + 3) \div 3 = 4$ $3 + 3 + 3 + 3 \div 3 = 10$

$3 + 3 \div 3 + 3 \div 3 = 5$

6장 · 문장제 감각 키우기

:: 4를 사용하는 경우의 예 ::

$$(4+4-4-4) \div 4 = 0 \qquad 4 \div 4 + 4 \div 4 + 4 = 6$$

$$(4+4 \times 4) \div 4 - 4 = 1 \qquad (4+4+4) \div 4 + 4 = 7$$

$$(4+4) \times 4 \div 4 \div 4 = 2 \qquad (4 \div 4 + 4 \div 4) \times 4 = 8$$

$$4 - (4 \div 4 \times 4) \div 4 = 3 \qquad (4+4 \times 4) \div 4 + 4 = 9$$

$$4 \times 4 \times 4 \div 4 \div 4 = 4 \qquad (4+4) \div 4 + 4 + 4 = 10$$

$$(4-4+4) \div 4 + 4 = 5$$

:: 5를 사용하는 경우의 예 ::

$$(5-5) \div 5 + 5 - 5 = 0 \qquad (5+5-5) \div 5 + 5 = 6$$

$$(5-5) \div 5 + 5 \div 5 = 1 \qquad 5 + 5 \div 5 + 5 \div 5 = 7$$

$$(5+5) \div 5 + 5 - 5 = 2 \qquad (5+5+5) \div 5 + 5 = 8$$

$$(5+5) \div 5 + 5 \div 5 = 3 \qquad (5 \times 5 - 5) \div 5 + 5 = 9$$

$$(5+5+5+5) \div 5 = 4 \qquad (5 \div 5 + 5 \div 5) \times 5 = 10$$

$$5 \times 5 \div 5 \times 5 \div 5 = 5$$

:: 6을 사용하는 경우의 예 ::

$(6-6) \div 6 \times 6 \times 6 = 0$ $6 \times 6 \times 6 \div 6 \div 6 = 6$

$(6+6 \times 6) \div 6 - 6 = 1$ $6 \times 6 \div 6 + 6 \div 6 = 7$

$(6+6) \div 6 \times 6 \div 6 = 2$ $6 + 6 \div 6 + 6 \div 6 = 8$

$6 - (6+6+6) \div 6 = 3$ $(6+6+6) \div 6 + 6 = 9$

$(6+6+6+6) \div 6 = 4$ $66 \div 6 - 6 \div 6 = 10$

$6 - (6 \div 6 \times 6 \div 6) = 5$

:: 7을 사용하는 경우의 예 ::

$(7-7) \div (7+7+7) = 0$ $7 - 7 \times 7 \div 7 \div 7 = 6$

$7 - (7 \times 7 - 7) \div 7 = 1$ $7 \times 7 \times 7 \div 7 \div 7 = 7$

$(7+7+7-7) \div 7 = 2$ $7 \times 7 \div 7 + 7 \div 7 = 8$

$(7+7) \div 7 + 7 \div 7 = 3$ $7 + 7 \div 7 + 7 \div 7 = 9$

$(7+7+7+7) \div 7 = 4$ $(7+7+7) \div 7 + 7 = 10$

$7 - 7 \div 7 - 7 \div 7 = 5$

:: 8을 사용하는 경우의 예 ::

$(8-8) \times 8 \times 8 \times 8 = 0$ $8-8 \div 8 - 8 \div 8 = 6$

$(8+8 \times 8) \div 8 - 8 = 1$ $8-(8+8) \div (8+8) = 7$

$(8+8) \div 8 + 8 - 8 = 2$ $8 \times 8 \times 8 \div 8 \div 8 = 8$

$(8+8) \div 8 + 8 \div 8 = 3$ $(8+8) \div (8+8) + 8 = 9$

$(8+8+8+8) \div 8 = 4$ $8+8 \div 8 + 8 \div 8 = 10$

$8-(8+8+8) \div 8 = 5$

:: 9를 사용하는 경우의 예 ::

$(9-9) \times 9 \times 9 \times 9 = 0$ $9-(9+9+9) \div 9 = 6$

$(9+9 \times 9) \div 9 - 9 = 1$ $9-9 \div 9 - 9 \div 9 = 7$

$(9+9) \div 9 + 9 - 9 = 2$ $9-(9+9) \div (9+9) = 8$

$(9+9) \div 9 + 9 \div 9 = 3$ $9 \times 9 \times 9 \div 9 \div 9 = 9$

$(9+9+9+9) \div 9 = 4$ $99 \div 9 - 9 \div 9 = 10$

$(9 \times 9 + 9) \div (9+9) = 5$

문장제를
이해하는 수준은?

　　　　　　　　"계산은 다른 애들과 비슷하게 하는
데 문장제만 나오면 어려워해요. 혹시 머리가 나쁜 걸까요?"라는 질문
을 자주 받는다. 그럴 때 나는 이렇게 대답한다.

　　"혹시 아이가 부모에게 말대답합니까? 부모나 선생님의 눈을 피해
서 게으름을 피우거나 장난을 치거나 약한 친구를 괴롭힙니까? 아니
면 나쁜 짓을 하다가 걸려서 야단맞을 때 책임을 친구나 형에게 떠넘

6장 · 문장제 감각 키우기

깁니까?"

내 질문에 하나라도 그렇다면 그 아이는 결코 머리가 나쁘지 않다. 적어도 보통의 지능은 갖고 있다. 이 말은 중학교 3학년까지 배우는 모든 공부를 이해할 수 있는 능력이 있다는 뜻이다.

의무적으로 받는 교육은 보통 아이라면 누구나 이해할 수 있고 습득할 수 있는 정도의 내용을 가르치기 때문에 선천적으로 뛰어난 지능은 필요하지 않다. 중학교를 졸업하는 정도면 국민이자 주권자로서 갖춰야 할 최저한의 공통 교양을 갖추게 된다. 매일 꾸준히 공부하면 고등학교 입학시험에서 백점 만점에 80점을 받을 수 있다. 지능에 상관없이 순조롭게 자란 아이라면 누구나 그 정도의 학습능력은 익힐 수 있다.

그런데 현실의 중학생은 그렇지 않다. 아이들 대부분이 중학교 졸업 수준에 걸맞은 학습능력을 쌓지 못한 채 고등학교에 진학한다. 그리고 고등학교 과정을 따라가지 못하면서 헛된 날들을 보내고 있다.

중졸 정도의 학습능력을 가진 아이는 각 지역의 일반 고등학교에 들어간다. 그렇다고 특별히 머리가 좋아서가 아니다. 초등학교 때부터 착실히 실력을 쌓아온 아이라면 누구나 일반 고등학교에 들어갈 수 있다.

구체적으로는 어려서부터 교과서를 읽고 새로 나온 단어를 외우고, 계산 연습을 빈틈없이 하는 기초적인 학습을 꾸준히, 습관적으로 해 왔기 때문에 각 시기, 각 학년에 어울리는 학습능력을 쌓을 수 있었던 것이다.

물론 숙제는 빠짐없이 하고, 선생님이 지시한 과제는 잊지 않는다.

그 결과 학습 속도도 차츰 빨라진다.

이런 아이는 대개 학습에 관해서 '신속, 정확, 정성'이라는 3박자를 갖추고 있다. 반대로 어렸을 때부터 공부를 올바르게 하지 않은 아이는 텔레비전이나 게임에 빠져서 보낸 시간 때문에 '느리고 틀리고 지저분하다'라는 부정적인 3박자를 갖추고 있다.

초등학교에서 학습능력이 눈에 띄게 낮은 아이는 1학년이 10%, 3학년이 30%, 6학년이 60% 정도 된다. 중학교에 진학하는 학생들 중에서 초등학교의 평균 학습능력에 미치는 아이는 40% 정도다.

학습능력이 떨어지는 것은 머리가 나쁘기 때문이 아니라 공부를 제대로 하지 않기 때문이다. 계산을 잘 하는 아이는 계산 연습을 제대로 한 아이다. 사회과목을 잘 하는 아이는 늘 지도를 보거나 뉴스를 듣거나 지리나 역사책을 많이 읽은 아이다. 음악을 잘하는 아이는 날마다 악기를 다룬다. 또 한자 시험에서 늘 100점을 받는 아이는 날마다 한자 연습을 한다. 문장제를 못 푸는 아이는 책을 싫어하고 문장제도 멀리한다. 간단명료한 이야기다. 했느냐 하지 않았느냐의 문제다.

문장제를 제대로 풀 줄 아는지 판별하는 예문을 몇 가지 들어 보자. 계산을 전혀 하지 못하는 아이라도 답할 수 있다.

① 영희는 캐러멜과 사탕 중에서는 캐러멜을 더 좋아한다. 캐러멜과 초콜릿 중에서는 초콜릿을 더 좋아한다. 철수가 가장 좋아하는 것은 무엇인가?

195

② 사과와 배를 비교하면 사과가 크고, 감과 사과를 비교하면 감이 크다. 그러면 감과 배 중에서는 어느 쪽이 클까?

③ 만일 쥐가 개보다 크고, 개가 호랑이보다 크다면 쥐와 호랑이 중에서는 누가 클까?

④ A, B, C, D 네 마을이 있다. A는 C보다 크고, C는 B보다 작다. B는 A보다 크고 D는 A 다음으로 크다. 네 마을을 큰 순서대로 쓰시오.

⑤ 프랑스 여자 아이가 3명 있다. 마틸다는 레나르보다 머리색이 밝다. 마틸다는 안네트보다 머리색이 짙다. 누구 머리색이 가장 짙을까?

①, ②에 올바르게 대답할 수 있는 아이는 계산만 제대로 할 줄 알면 저학년 수학에서 뒤처질 염려는 없다. 아이가 쉽게 접할 수 있는 소재로, 아이의 상식 내에서 풀 수 있는 문제다. ①은 아이가 가장 좋아하는 것과 대답이 같기 때문에 글씨만 읽을 수 있다면 틀리지 않는다.

②는 머릿속으로 세 과일의 이미지를 그리면서 논리적으로 생각해야 한다. 맞게 대답했다면 머리가 좋은 아이다.

①, ② 둘 다 틀렸더라도 결코 야단치지 말고 천천히 읽어 주자. 글은

이해하지 못해도 말로 해 주면 이해하는 아이가 많다. 그 전형이 유아다.

아직 글말에 친숙하지 않은 아이는 인쇄된 시험지에 약하다. 글씨는 읽을 수 있지만 글의 내용을 머릿속으로 그리는 능력이 아직 부족하기 때문이다. 그러므로 내용을 읽어 주면 오히려 쉽게 이해하고 답을 쓸 수 있다.

이런 아이는 재촉하거나 다그치면 안 된다. 여유 있게 아이 스스로 문제를 정확한 목소리로 읽게 하는 것도 좋고, 엄마와 아이가 교대로 읽어도 좋다. 부모의 말과 자신이 읽는 소리를 귀로 듣게 한다. 부모가 읽어 줄 때 아이는 눈으로 문제를 따라 읽게 한다. 자기가 소리를 내서 읽을 때는 자기 눈으로도 읽는다. 눈과 귀라는 두 감각기관을 통해서 그 글의 뜻을 지각하고, 마침내 그 내용을 이미지화할 수 있게 된다.

즐거운 분위기에서 하다 보면 곧 부모의 도움 없이 자기 힘으로 정답을 쓸 수 있게 된다. 초조함이나 참견은 아이의 지적 발달에 방해만 된다. 그럴 바에는 차라리 하지 않는 편이 낫다. 부모는 아이를 바보라고 생각하게 되고, 아이는 자신을 멍청하다고 믿고 공부를 싫어하게 될 뿐이다.

③은 평소에 알고 있는 것과 완전히 다른, 가공의 일을 다룬 문제다. 이 문제는 만들기 나름인데, 문제를 정확히 파악하는 아이는 유머러스하고 조금 재미있는 문제라고 생각하지만, 문제의 핵심을 정확하게 파악하지 못하거나 문장에 맞는 이미지를 떠올리지 못하는 아이는 체험적 사실과 반대로 쓰여 있기 때문에 당황한다. 그래서 잘못된 답을 쓴다.

이런 아이들은 아직 구체적 사고, 체험적 사고의 수준에 머물러 있다.

하지만 걱정할 필요는 없다. 이런 식의 문제를 몇 개만 접하면 생각 외로 빨리 적응한다. ③을 재미있게 푸는 아이는 가정의 조건을 바탕으로 논리적인 사고를 전개해가는 능력이 잘 길러졌으므로 계산력만 받쳐 주면 수학에서 어려움을 겪을 일은 없다. ③을 못 푸는 아이는 대부분 그다지 책을 좋아하지 않을 것이다. 그 때문에 유연한 사고와 발상이 아직 약하다. 아이가 ③번 문제를 어려워한다면 재미있는 읽을거리를 많이 주자. 그리고 아이 스스로 여러 가지 문제를 만들게 하면 문장제를 파악하는 힘이 급속히 생긴다.

④는 상징이나 기호를 조작해서 논리적 사고를 전개하는 능력이 생긴 아이에게는 쉬운 문제다. 구체적이고 체험적 사고의 세계에서 개념을 조작하고 추상적인 사고의 세계로 이륙하기 시작하고 있다. 그래서 ④는 어려운 문제이지만 정답을 쓸 수 있는 것이다.

초등학교 4학년이면서도 ④번 문제를 풀지 못하는 아이는 수학에서 좌절하기 쉬운 아이다. 학원에 보내도 좀처럼 실력이 늘지 않는다. 부모나 아이 스스로도 머리가 나쁘다고 포기하게 된다. 일상생활에 관한 지혜나 재능은 결코 뒤떨어지지 않지만 추상적인 사고를 요하는 문제를 풀 때는 갑자기 머리가 흐릿해진다.

아이가 ④번 문제를 풀지 못한다면 A, B, C, D를 친구들의 이름으로 바꿔 주면 시간은 조금 걸리더라도 대답을 할 수 있다. 또, **부등호를 쓰는 방법**을 제대로 가르쳐 주면 대부분의 아이가 정답을 찾아낸다. 다시 말해 아이가 체험하고 있는 세계와 친숙한 것들은 쉽게 받아들인다. 그런데 기호나 상징만으로 생각하는 문제가 되면 갑자기 미로 속에 들어간 것처럼 아이는 사고가 정지되어 버린다.

그럴 때 A는 명수, B는 재석, C는 형돈, D는 준하라는 식으로 아이에게 친숙한 이름으로 바꿔 주자. 그러면 쉽게 풀 수 있다.

아이가 ⑤번 문제를 풀었다면 초등학생으로서 충분한 사고력을 갖추었다고 할 수 있다. 게으름만 피우지 않는다면 학습능력에 관해서는 아무런 걱정도 하지 않아도 된다.

이 다섯 문제를 부모의 도움 없이 혼자 힘으로 풀었다면 매우 머리가 좋은 아이다. 또 초등학교 공부에서는 언제나 만점 가까운 성적을 받을 만한 실력이다. 경계해야 할 것은 너무 쉽게 점수를 얻기 때문에 공부를 얕잡아 볼 수 있다는 점이다.

자신이 머리가 좋다고 자만하게 되면 언제나 친구를 깔보기 쉽다. 그러면 꾸준히 공부하지 않은 채 중학교, 고등학교에 진학하게 되고, 그 과정에서 차츰 성적이 떨어진다. 그리고 그 사실을 깨달았을 때는 '과거의 수재, 지금은 바보'가 되어 있다.

다섯 문제 모두 풀었다고 우쭐대서는 안 된다. 꾸준히 공부하지 않는 한 결국은 학교 수업을 못 따라가는 청소년이 될 위험이 높다.

네 문제를 푼 아이도 머리가 좋다. 하지만 침착성이 조금 부족하다. 걱정할 정도는 아니지만 틀림없이 밖에서 노는 것을 좋아할 것이다. 5, 6학년이라면 하루에 30분에서 1시간 정도는 꾸준히 책상 앞에 앉아서 공부하는 습관이 필요하다. 그리고 아이의 공부가 끝나면 많이 칭찬해 주고 "이제 밖에서 신나게 놀다 오거라"라며 내 보내자. 무엇보다도 부모의 격려와 지원이 필요하다.

세 문제를 맞힌 아이는 평균적인 아이다. 책은 그다지 좋아하지 않을 것이다. 문장의 내용을 파악하는 능력이 약간 떨어지기 때문에 문장의 의미를 잘못 이해하기도 한다.

하지만 비슷한 문제를 천천히 읽어 보게 하면 결국에는 맞게 푼다. 이런 아이는 교과서나 비슷한 문제를 여러 번 되풀이해서 읽는 습관을 들여 주어야 한다. 어쨌든 활자로 된 책을 끝까지 읽는 습관이 생기지 않았으므로 날마다 저녁을 먹은 뒤 20분씩 독서 시간을 정해 두고, 온 가족이 책을 읽는 것이 바람직하다. 텔레비전 소음이 끊임없이 집안에 울리는 생활 속에서는 문장제의 내용을 파악하는 능력은 좀처럼 자랄 수 없다.

정답이 2개밖에 안 되는 아이는 머리가 나쁜 것일까?

아니다, 그렇지 않다. 부모가 문제를 읽어 주거나 아이 스스로 여러 번 되풀이해서 읽으면 정확히 답을 찾는다. 그래도 못 찾는다면 부등호를 가르친다.

"사과와 배를 비교해서 사과가 클 때는 '사과 〉 배'라고 쓴단다. 자, 문제에서 감과 사과 중에서는 어느 쪽이 크다고 했니?"

"감이 더 커요."

"그러면 그것을 부등호로 나타내 보자."

"사과 〉 배, 감 〉 사과"라고 쓴 후, 두 부등식을 보고 "자, 감과 배는 어느 쪽이 더 클까?"라고 묻는다.

이 질문에 올바르게 대답했다면 틀린 문제로 돌아가서 다시 한 번 생각하게 한다. 다만 한 문제라도 맞게 답했다면 그만한다.

"문제를 더 내 주세요"라고 말하면 응해 줘도 좋다. 그러나 30분이 넘지는 않도록 한다. 실패하기 쉬우므로 다음날 한다. 아직 집중력이나 지속력이 발달하지 않은 아이에게 무리해서 시키는 것은 잔인한 일이다. 억지로 시키면 공부를 싫어하게 된다.

"와, 맞았다. 잘 했어. 이제 밖에 나가서 놀아라. 내일 또 하자"라고 말하자. "다 풀기 전에는 밖에 못나갈 줄 알아"라며 강제적으로 공부를 시킨다고 아이가 똑똑해지는 것은 아니다. 오히려 공부를 싫어하게 될 뿐이다. 지적인 발달은 억압과 강제 속에서는 결코 자라지 않는다. 쾌적한 분위기에서만 공부를 좋아하게 된다.

하나밖에 못 맞혔다고 해서 비관할 필요는 없다. 아직 읽기 능력이나 생각하는 능력이 발달하지 못한 단계이기 때문이다. 반복학습이나 시험을 위한 공부로는 좋아지지 않는다. 평소 생활 속에서 부모와 아이가 즐겁게 대화하고 독서 습관을 붙여 가는 것이 선결 문제다. 가정에서 공포와 압력이 사라지고 지적인 자유가 보장되어야 아이는 똑똑해진다.

설령 다섯 문제 모두 틀렸다고 해도 바보라고 단정지어서는 안 된다. 틀림없이 아이가 가정에서 깊이 생각할 기회가 적었을 것이다.

하루 종일 아이에게 "빨리 해라", "뒷정리는 했니?", "손부터 씻고",

6장 · 문장제 감각 키우기

"쿵쾅거리지 말아라", "빨리 목욕해라", "텔레비전만 보지 말아", "또, 만화 읽니?", "책가방 쌌니?", "숙제 아직 멀었니?", "잊어버린 물건 없어?", "빨리 자라"라는 일방적인 지시어, 명령어, 금지어만 쏟아대는 가정의 아이는 사물을 논리적으로 생각하는 능력이 자라지 못한다. 언제나 직관적이고 충동적이며 반사적으로 생각하고 행동하기 쉽다. 더구나 집에서 체벌까지 하기 때문에 앞의 다섯 문제에 올바른 대답을 할 수 없게 된 것이다.

결코 아이가 바보여서가 아니다. 부모의 화난 목소리 때문에 아이의 사고력이 순조롭게 발달하지 못해서다.

다섯 문제 다 틀린 아이에게는 언제나 상냥하게, 천천히 말을 걸자. 그리고 함께 책도 읽고, 아이가 부탁하는 일에 기분 좋게, 성실히 대답한다. 자주 아이의 성장과 발달을 지켜보는 태도야말로 아이의 지적 발달을 촉진하는 부모의 중요한 의무다.

문장제를 극복하기 위한 네 가지 조건

문장제를 쉽게 풀려면 먼저 문제의 내용을 정확히 이해할 수 있어야 한다. 독서를 좋아하면 이해력이 저절로 생긴다. 그러므로 책을 많이 읽고 계산 연습을 게을리 하지 않는 아이는 웬만큼 어렵고 복잡한 문제가 아닌 한 거의 모든 문장제를 쉽게 풀 수 있다. 수학 문제를 못 푼다고 반복학습이나 시험 문제만 풀게 하는 부모도 있는데 효과는 거의 없다. 문장의 내용을 파악하는 능력과

6장 · 문장제 감각 키우기

글의 내용을 이미지화할 수 있는 능력이 갖춰지지 않았기 때문이다.

문장제에 강해지기 위해서는 첫째, 독서를 좋아해야 한다. 그러기 위해서는 부모가 책을 좋아해야 한다. 부모가 텔레비전을 보면 아이도 텔레비전만 본다. 부모가 책을 좋아하면 아이도 책을 좋아한다. 특히 아이에게 책을 읽어 주는 것이 가장 효과적인 방법이다. 하루에 한 번, 부모와 아이가 함께 책을 보는 시간을 갖자. 15분에서 20분만 시간을 내면 된다.

둘째는 교과서에 실린 문장제는 시간을 두고 두세 번 반복해서 식을 세우고 계산하고 답을 쓰는 연습을 한다. 제대로 풀 수 있게 되면 숫자를 바꿔서 푼다. 여력이 있으면 문제집을 사서 30분 정도 풀게 한다. 또 아이 스스로 비슷한 문제를 만들어 보게 하는 것도 좋다. 틀림없이 실력이 쑥쑥 늘어난다. 초등학생에게 너무 오랫동안 공부를 시키는 것은 해롭다. 다양하고 풍부한 체험을 쌓을 수 있도록 배려한다.

셋째는 계산에 숙달되어야 한다. 계산력이 떨어지는 아이는 늘 실패를 되풀이한다. 정확하고 신속하게 연산할 수 있는 힘을 기르는 것은 수학 실력을 몸에 익히는 데 매우 중요한 일이다. 계산이 늦은 아이, 수학을 잘 못하는 아이는 1천 명에 한 명뿐이다.

넷째는 풍부한 체험을 한다. 예로부터 착한 아이는 '잘 놀고 잘 배우는 아이'라고 했다. 아이에게 놀이야말로 심신의 발달의 원천이다. 태양 아래에서 셋 이상 모여서 흙과 물과 바람과 초록을 만끽하는 놀이, 흙투성이가 되는 놀이야말로 아이의 발달을 보장하는 최대의 원천이다. 잘 노는 아이는 발달의 보증수표를 손에 쥐고 있는 것과 같다. 그리고 기력, 체력도 강해진다. 그것은 장래 높은 학습능력을 얻는 데 매우 유익한 조건이 된다. 게다가 다양한 체험과 지혜도 익힐 수 있다. 많이 놀지 못한 아이는 앞으로 학습능력을 거듭할수록 창조력이 결핍되기 쉽다. 긴 안목으로 보았을 때 심신의 발달에 불이익을 받는다.

　문장제는 조금도 어렵지 않다. 잘 놀고 책을 많이 보고 꾸준히 복습하고, 계산 연습을 확실히 하면 이처럼 쉬운 공부는 없을 것이다. 답은 이미 하나로 정해져 있다. 올바른 식을 세우고 정확한 계산만 할 수 있다면 누구나 정답을 구할 수 있다. 실로 간단하고 명료한 공부다. 지능과는 거의 관계가 없다. 문장제에 친숙해지면 이렇게 쉽고 편한 공부는 없다는 것을 깨달을 것이다. 특별한 발달장애가 없는 한 누구나 수학에서 90점 전후의 점수를 받을 수 있다. 역설적으로 말하면 머리가 별로 좋지 않은 아이에게 더 적당한 공부, 자신감과 긍지를 키워 주는 공부, 그것이 수학인 것이다.

　날마다 조금씩 공부하면 아이의 뇌는 조금씩 단련되고, 결국 똑똑한 아이가 된다.

　아이가 바보, 천치라는 소리를 듣지 않도록 이제부터라도 가끔씩 아이의 공부를 돌봐 주자. 가능하면 날마다 딱 10분만, 아이 옆에 앉아서 힌트를 주면 된다. 그리고 아이와 함께 문제를 풀어가는 기쁨을 나누자. 이런 시간들이 아이에게는 어린 시절의 멋진 추억으로 남을 것이다. "엄마, 아빠 덕분에 수학을 잘하게 되었다"라며 평생 감사하는 마음을 간직할 것이다.

　우리 아이도 똑똑해지고, 나아가 이 나라의 아이들도 우수해진다. 이것은 장래 우리 아이가 자랄 환경을 좋게 만들어 주는 것이기도 하다. 그러므로 가끔씩 아이의 공부를 도와 주자. 못 하는 것이 당연하다고 여기고, 조금이라도 잘 하게 되면 마음으로부터 기뻐해 주자. 그러면 아이도 틀림없이 공부를 좋아하게 될 것이다. 그것은 아이에게 평생 좋은 추억이 된다. 또 그것은 꿈과 희망이 있는 21세기를 만드는 힘이기도 하다. 전쟁을 하지 않는 나라, 평화롭고 사이좋게 사는 나라를 만드는 일꾼은 똑똑하고 우수한 지금 아이들이다.

하루 10분, 수학이 좋아진다

2008년 4월 18일 초판1쇄 발행
2009년 1월 28일 개정판1쇄 발행

지은이 | 기시모토 히로시
옮긴이 | 이수경
펴낸이 | 윤정희
펴낸곳 | (주)황금부엉이

주소 | 서울시 마포구 서교동 353-4 첨단빌딩 9층
전화 | 02-338-9151
팩스 | 02-338-9155

출판등록 | 2002년 10월 30일 제 10-2494호

기획편집부장 | 홍종훈
편집 | 최새미나, 조연곤
전략마케팅 | 김유재, 변재업, 정창현, 차정욱, 최현욱
제작 | 구본철

ISBN 978-89-6030-192-4 03370